Couvertures supérieure et inférieure manquantes

ESSAI
SUR
L'HUMANITÉ POSTHUME
ET LE SPIRITISME

Droits de traduction et de reproduction réservés.

ADOLPHE D'ASSIER

ESSAI

SUR

L'HUMANITÉ POSTHUME

ET LE SPIRITISME

PAR UN POSITIVISTE

> Faire rentrer dans le cadre des lois du temps et de l'espace, les phénomènes d'ordre posthume, niés jusqu'ici par la science, parce qu'elle ne pouvait les expliquer, et affranchir les hommes de notre époque des énervantes hallucinations du spiritisme.

PRIX : 3 fr. 50

PARIS
AUGUSTE GHIO, LIBRAIRE-ÉDITEUR
1, 3, 5 et 7, Galerie d'Orléans, Palais-Royal

1883

OUVRAGES DU MÊME AUTEUR

Essai de Grammaire générale, d'après la comparaison des principales langues indo-européennes. — Première partie. — Un fascicule in-8° (épuisé).

Essai de Grammaire française, d'après la grammaire générale des langues indo-européennes. — Deuxième édition. — Un volume in-18, cartonné. 1 25

Histoire naturelle du langage. — Deux volumes in-18.

    Chaque volume se vend *séparément* :

Premier volume. — **Physiologie du langage phonétique.** 2 50

Second volume. — **Physiologie du langage graphique.** 2 50

Le Brésil contemporain, d'après les notes prises par l'auteur pendant son voyage dans l'Amérique du Sud. — Un volume in-8°. . . . . 5 »

Souvenir des Pyrénées. — Aulus-les-Bains et ses environs. — Deuxième édition. — Un volume in-18... 2 50

Essai de philosophie naturelle. — Le Ciel, la Terre et l'Homme. Trois volumes in-18.

    Chaque volume se vend *séparément* :

Première partie. — **Le Ciel** (presque épuisé). . . 2 50
  (*La deuxième édition, entièrement refondue, va être mise sous presse.*)

Deuxième partie. — **L'Homme.** 3 50

Troisième partie. — **La Terre** (*paraîtra après la publication de la deuxième édition du Ciel*).

INTRODUCTION

Le titre de cet essai paraîtra peut-être à certaines personnes en désaccord avec les opinions philosophiques que j'ai professées toute ma vie et avec la grande école vers laquelle m'avait acheminé l'étude des sciences avant que j'eusse entendu la parole du maître. Que ces personnes se rassurent, la contradiction n'est qu'apparente. En dehors des *éléments de géométrie analytique* que les biographes oublient de mentionner, je n'ai accepté des écrits d'Auguste Comte que son cours de *philosophie positive*. Encore ai-je dû retrancher maints passages où se révèlent déjà les tendances bien connues du « grand prêtre de l'humanité », tendances regrettables dans un ouvrage qui comptera parmi les œuvres capitales du siècle, et que je considère comme l'expression la plus haute qu'ait jamais atteint la pensée philosophique. Ce travail d'épuration traçait naturellement mon programme, et les idées que j'expose s'éloignent autant des rêveries du mysticisme que des hallucinations des spirites. Ne sortant pas du domaine des faits, n'invoquant aucune cause surnaturelle pour les interpréter, j'ai cru pouvoir donner à mon livre l'estampille du positivisme. Voici, au surplus, comment j'ai été conduit à des recherches si différentes de mes travaux ordinaires.

Personne n'ignore le grand développement qu'a pris depuis quelques années l'étude des aérolithes, leur connexion avec les étoiles filantes, les rapprochements entre ces dernières et les comètes, le rôle que jouent ces divers astéroïdes dans l'économie du monde solaire, les indications qu'ils fournissent sur la nature chimique de la matière disséminée dans l'espace, expliquent suffisamment le prix que les astronomes attachent à cette nouvelle branche des explorations célestes. Mais il n'y a guère qu'un demi-siècle qu'on a commencé à sentir l'importance de semblables recherches, et chaque fois que les journaux annoncent une chute de météorites, je ne puis m'empêcher de me rappeler le dédain superbe avec lequel les savants accueillaient autrefois toute communication de ce genre, et les dénégations obstinées qu'ils opposaient aux affirmations les plus précises. On connaît la réponse que fit un jour Lavoisier au nom de l'Académie des Sciences : Il n'existe pas de pierres dans le ciel; il ne saurait, par conséquent, en tomber sur la terre. Il en fut ainsi jusqu'en 1803. Le 26 avril de cette année un bolide énorme, qui éclata aux environs de l'Aigle (Orne), couvrit de ses fragments plus de 40 kilomètres carrés de terrain. Plusieurs milliers de personnes ayant été témoins de ce phénomène qui s'était produit en plein jour, l'Académie des Sciences se décida à envoyer sur les lieux un de ses membres, Biot, pour procéder à une enquête. A son retour, ce dernier mit sous les yeux de ses collègues les échantillons qu'il avait rapportés, et finit par convaincre les incrédules. Il pouvait donc tomber des pierres sur le sol, bien qu'au dire des savants il n'en existât pas dans le ciel. Voulant tirer les astronomes de ce mauvais pas, Laplace calcula que les volcans lunaires possédaient une force de projection assez grande pour lancer des quartiers de roches à la distance où l'attraction de la terre devient prépondérante sur celle de son satellite. Dès lors ces projectiles devaient retomber chez nous. Plus tard on s'aperçut que ces asthéroïdes circulaient en légions innombrables autour du soleil, et diverses observations leur firent assigner pour origine les trainées de matière cosmique provenant de la rupture des queues cométaires. Les aérolithes, si longtemps niés des savants, se comptent aujourd'hui par milliers dans nos collections.

Les pluies de pierres n'étaient pas le seul phénomène de ce genre. Nombre de personnes avaient vu tomber une quantité considérable de crapauds au milieu des averses de certains orages; on répondait à leurs affirmations par une variante du mot de Lavoisier : Il n'existe pas de crapauds dans les nuages ; il ne peut, par conséquent, en tomber sur la terre. Comme il fallait rendre compte de l'apparition de ces animaux qui recouvraient le sol, on ajoutait qu'ils provenaient d'œufs cachés sous les pierres, et que l'éclosion subite de ces œufs avaient pour cause la chaleur et l'électricité qui accompagnent d'ordinaire les orages. On aurait pu objecter que le volume des nouveaux venus s'accordait mal avec la petitesse des œufs d'où on les faisait sortir, et que d'ailleurs ils avaient l'habitude de se présenter sous la forme de têtards avant de prendre celle de l'âge adulte. Mais les savants ne se laissaient pas arrêter pour de telles misères, et peu leur importait de donner une entorse aux lois les plus élémentaires de l'histoire naturelle, du moment que leur principe était sauvegardé. Une pluie d'oranges étant survenue à la suite d'un ouragan, on apprit bientôt que ces projectiles de nouveau genre provenaient d'une orangerie voisine qui avait été dévastée par la tempête. Cette découverte donna à réfléchir, et l'on se mit à étudier de plus près la marche et la nature des orages qui produisaient de tels phénomènes. On ne tarda pas à reconnaître qu'on avait affaire à des cyclones, dont les tourbillons emportaient tous les objets qui se trouvaient sur leur passage pour les déposer plus loin. Si une mare se rencontrait sur leur trajet, l'eau était aussitôt aspirée et allait retomber, avec sa population aquatique, dans quelques localités des environs Il pouvait donc tomber des crapauds sur le sol bien qu'il n'en existât pas dans les nuages.

Il était permis de supposer que de telles leçons ne seraient pas perdues, et que les personnes se disant sérieuses se montreraient à l'avenir plus circonspectes dans leurs dénégations systématiques. Il n'en fut rien. Les notions fausses que nous puisons dans nos préjugés, ou dans une éducation scientifique incomplète, impriment à notre cerveau une sorte d'*équation personnelle* dont nous ne pouvons nous débarrasser. Pendant trente ans j'ai ri de la réponse de Lavoisier, sans m'apercevoir que j'invoquai le même argument dans l'explication de certains phénomènes non moins extraordinaires que les pluies de pierres ou de crapauds. Je veux parler des bruits étranges qu'on entend parfois dans certaines habitations et qu'on ne peut rapporter à aucune cause physique, du moins dans le sens vulgaire que nous donnons à ce mot. Une circonstance digne de remarque vient doubler la singularité du phénomène. C'est que ces bruits n'apparaissent d'ordinaire qu'après la mort d'une personne du logis. Étant enfant je vis en émoi tous les habitants d'un canton. L'abbé Peytou, curé de la paroisse de Sentenac (Ariège), venait de mourir. Les jours suivants il se produisit dans le presbytère des bruits insolites et si persistants que le desservant qui lui avait succédé fut sur le point d'abandonner son poste. Les gens du pays, aussi ignorants que superstitieux, n'étaient point embarrassés pour expliquer ce prodige. Ils déclaraient que l'âme du défunt était en peine parce qu'il n'avait pas eu le temps de dire avant sa mort toutes les messes dont il avait reçu le prix. Pour mon compte, je n'étais nullement convaincu. Élevé dans le dogme chrétien, je me disais que l'abbé Peytou avait définitivement quitté la planète pour une des trois résidences posthumes : le Ciel, l'Enfer, le Purgatoire, et je supposais les portes des deux pénitenciers trop solidement verrouillées pour qu'il lui prît fantaisie de retourner en arrière. Plus tard, étant entré dans un autre courant d'idées autant par l'étude comparée des religions que par celles des sciences, je devins encore plus incrédule, et je prenais en pitié ceux qui prétendaient avoir assisté à de pareils spectacles. Les esprits, ne cessai-je de répéter, n'existent que dans l'imagination des médiums ou des spirites ; on ne saurait donc en rencontrer ailleurs. En 1868, me trouvant dans le Berry, je me fâchai tout rouge contre une pauvre femme qui persistait à affirmer que, dans un logement qu'elle habitait à une certaine époque, chaque soir une main invisible lui tirait les couvertures de son lit, dès qu'elle avait éteint la lumière. Je la traitais d'imbécile, de pécore, d'idiote. Bientôt après survint l'année terrible. J'en sortis pour ma part avec la perte de la vue, et chose encore plus grave, avec les premières atteintes d'une paralysie générale. Ayant été témoin des cures merveilleuses que produisent les eaux d'Aulus, dans le traitement de certaines maladies, notamment quand il s'agit de réveiller l'énergie vitale, je m'y rendis vers le printemps de 1871, et je pus arrêter les progrès du mal. La pureté de l'air des montagnes autant que l'action vivifiante des eaux me détermina à y fixer mon séjour. Je pus alors étudier de près ces vacarmes nocturnes que je ne connaissait que par ouï-dire.

Depuis la mort de l'ancien propriétaire des sources, l'établissement thermal était presque chaque nuit le théâtre de scènes de ce genre. Les gardiens n'osaient plus y coucher seuls. Parfois les baignoires résonnaient au milieu de la nuit comme si on les eût frappées avec un marteau. Ouvrait-on les cabines d'où partait le bruit, il cessait aussitôt, mais recommençait dans une salle voisine. Quand les baignoires restaient en repos on assistait à d'autres manifestations non moins singulières. C'était des coups frappés sur les cloisons, les pas d'une personne qui se promenait dans la chambre du gardien, des objets lancés contre le parquet, etc. Mon premier mouvement lorsqu'on me raconta cette histoire fut, comme toujours, l'incrédulité. Cependant, me trouvant en contact journalier avec les personnes qui avaient été témoins de ces scènes nocturnes, la conversation revenait assez souvent sur le même sujet. Certaines particularités finirent par éveiller mon attention. J'interrogeai le régisseur et les gardiens de l'établissement, les diverses personnes qui avaient passé la nuit dans les thermes, tous ceux, en un mot, qui, à un titre quelconque, pouvaient me renseigner sur ces mystérieux événements. Leurs réponses furent toutes identiques, et les détails qu'ils me racontèrent étaient tellement circonstanciés que je me vis acculé à ce dilemme : Les croire, ou supposer qu'ils étaient fous. Or, je ne pouvais taxer de folie une vingtaine d'honnêtes villageois vivant paisiblement à mes côtés, par l'unique motif qu'ils répétaient ce qu'ils avaient vu ou entendu, et que leurs dépositions étaient unanimes.

Ce résultat inattendu me remit en mémoire des circonstances du même genre qu'on m'avaient racontées à d'autres époques. Connaissant les localités où ces phénomènes avaient eu lieu, ainsi que les personnes qui en furent témoins, je procédais à de nouvelles enquêtes, et là encore je fus forcé de me rendre à l'évidence. Je compris alors que j'avais été aussi ridicule que ceux dont je m'étais si longtemps moqué, en niant des faits que je déclarais impossibles, parce qu'ils ne s'étaient pas produit sous mes yeux, et que je ne pouvais les expliquer. Cette dynamique posthume qui, en certains points, semble l'antithèse de la dynamique ordinaire, me donna à réfléchir, et je commençais à entrevoir que dans certains cas, d'ailleurs assez rares, l'action de la personnalité humaine peut se continuer encore quelque temps après la cessation des phénomènes de la vie. Les preuves que je possédais me paraissaient suffisantes pour convaincre les esprits non prévenus. Toutefois, je ne m'en tins pas là, et j'en demandai de nouvelles aux écrivains les plus accrédités des divers pays. Je fis alors un choix parmi celles qui présentaient tous les caractères d'une authenticité indiscutable, m'attachant de préférence aux faits qui avaient été observés par un grand nombre de témoins.

Restait à interpréter ces faits, je veux dire à les débarrasser du merveilleux qui voile leur véritable physionomie, afin de les rattacher, comme tous les autres phénomènes de la nature, aux lois du temps et de l'espace. Tel est le principal objet de ce livre. Devant une tâche si ardue je ne saurais avoir la prétention de donner le dernier mot de l'énigme. Je me suis contenté de poser nettement le problème et d'indiquer quelques-uns des coefficients qui doivent entrer dans sa mise en équation. Mes continuateurs trouveront la solution définitive dans la voie que je leur ai tracée.

Un mot maintenant sur la marche que j'ai suivie. Au début, j'expose sans commentaire les faits qui me paraissent dignes de fixer l'attention, et je ne m'arrête que quand ils sont assez nombreux pour reproduire les diverses circonstances qui peuvent se présenter dans une question si délicate et si obscure. Chaque fois on entrevoit un agent mystérieux qui se révèle par les manifestations les plus singulières et les plus variées. Ne voulant faire appel à aucune cause surnaturelle, je cherche s'il n'existe pas dans la nature vivante un principe peu connu jusqu'ici qui, dans certains cas et dans certaines limites, peut agir comme force active et indépendante. Je trouve ce principe non seulement dans l'homme, mais encore dans les espèces supérieures de l'échelle zoologique, de sorte que l'humanité posthume n'est, à vrai dire, qu'un cas particulier de l'animalité posthume, et que cette dernière se présente comme la conséquence immédiate du monde vivant.

L'étude de ce principe me conduit à celle du fluide magnétique, qui paraît en être le générateur. J'analyse alors les diverses manifestations de ce facteur de la psychologie, notamment dans le mesmérisme, et je trouve l'explication d'une foule de phénomènes, qui, n'étant connus que par leurs côtés merveilleux, semblaient ne pouvoir se rattacher qu'à la théologie proprement dite ou à sa sœur cadette, la démonologie. Débarrassée de toute interprétation surnaturelle, la personnalité d'outre-tombe apparaît dans sa physionomie propre, et l'on entrevoit l'origine des ombres, leur état physique et moral, le sort qui leur est réservé. L'idée philosophique du livre peut donc se résumer ainsi : faire rentrer dans le cadre des lois du temps et de l'espace les phénomènes d'ordre posthume niés jusqu'ici par la science, parce qu'elle ne pouvait les expliquer, et affranchir les hommes de notre époque des énervantes hallucinations du spiritisme.

CHAPITRE PREMIER

Faits établissant l'existence de la personnalité posthume chez l'homme. — Ses divers modes de manifestation.

Ouvrons ce chapitre par l'histoire posthume de l'abbé Peytou, une des plus curieuses qu'on puisse citer, tant à cause de la durée des manifestations qui se produisirent, qu'à raison des formes qu'elles présentèrent; presque tous les habitants de la localité en furent témoins. Je me contente de rapporter les trois faits suivants, que je dois à l'obligeance de M. Augé, ancien instituteur à Sentenac (Ariège), paroisse de l'abbé Peytou. Ne pouvant me rendre sur les lieux, j'avais prié M. Augé d'interroger les vieillards du village sur ce qu'ils avaient vu ou entendu à ce sujet. Voici la lettre que je reçus :

« Sentenac-de-Sérou, le 8 mai 1879.

« Monsieur,

« Vous m'avez prié de vous raconter, pour être
« ensuite discutés scientifiquement, les faits sur les

« revenants, généralement admis par les personnes
« les mieux pensantes de Sentenac et qui sont en-
« tourés de tout ce qui peut les rendre incontes-
« tables. Je vais les citer tels qu'ils se sont pro-
« duits et tels que les témoins dignes de foi les
« rapportent.

« Premier. — Quand il y a environ quarante-
« cinq ans, Monsieur Peytou, curé de Sentenac,
« fut mort, on entendait chaque soir, à partir de la
« nuit tombante, quelqu'un remuer les chaises dans
« les chambres du presbytère, se promener, ouvrir
« et fermer une tabatière, et se produire le même
« bruit que fait un homme qui prend une prise. Ce
« fait là, qui se répéta pendant longtemps, fut,
« comme cela arrive toujours, admis immédiate-
« ment par les plus simples et les plus peureux.
« Ceux qui voulaient paraître ce que vous me per-
« mettrez d'appeler les esprits forts de la commune,
« ne voulaient y ajouter aucune foi ; ils se conten-
« taient de rire de tous ceux qui semblaient, ou pour
« mieux dire, étaient persuadés que M. Peytou, le
« curé mort, revenait. Les nommés Eycheinne (An-
« toine), maire de la commune à cette époque, et dé-
« cédé depuis cinq ans, et Galy (Baptiste), qui vit
« encore, les deux seuls de l'endroit qui fussent un
« peu lettrés, et partant les plus incrédules, vou-
« lurent s'assurer par eux-mêmes si tous les bruis
« nocturnes qu'on disait entendre au presbytère
« avaient quelque fondement ou n'étaient que l'ef-
« fet d'imaginations faibles trop faciles à s'effrayer.
« Un soir, armés chacun d'un fusil et d'une hache,
« ils résolurent d'aller passer la nuit à la maison

« presbytérale, bien déterminés s'ils entendaient
« quelque chose, à savoir si c'étaient des vivants
« ou des morts qui faisaient ce bruit. Ils s'instal-
« lent à la cuisine, près d'un bon feu, et commen-
« çaient à causer sur la simplicité des habitants,
« disant qu'eux n'entendaient rien et pourraient
« parfaitement reposer sur la paillasse qu'ils avaient
« eu le soin de préparer pour cela, quand, dans
« la chambre qui est au-dessus de leur tête, ils
« entendent un bruit, puis les chaises remuer,
« quelqu'un marcher, puis descendre l'escalier et
« se diriger du côté de la cuisine. Ils se lèvent; le
« sieur Eycheinne va à la porte de la cuisine te-
« nant la hache d'une main, prêt à frapper celui
« qui osera entrer, et le sieur Galy en joue avec
« son fusil.

« Celui qui semblait marcher, arrivé en face de
« la porte de la cuisine, prend une prise de tabac,
« c'est-à-dire que les hommes entendirent le même
« mouvement que fait un homme qui prise, et au
« lieu d'ouvrir la porte de la cuisine, le revenant
« passa dans le salon, où il parut se promener. Les
« sieurs Eycheinne et Galy, toujours armés, sortent
« de la cuisine, passent au salon, et ne voient ab-
« solument rien. Ils montent dans les chambres,
« parcourent la maison de haut en bas, regardant
« dans tous les coins, et ne trouvent ni chaises ni
« rien autre chose qui ne fût à sa place. Le sieur
« Eycheinne, qui avait été le plus incrédule, dit alors
« à son compagnon Galy : Mon ami ! Ce ne sont pas
« des vivants qui font ce tapage, ce sont réellement
« des morts; c'est M. le curé Peytou; c'est son

« marcher et sa manière de priser que nous avons
« entendu ; nous pouvons dormir tranquilles.

« Deuxième. — Marie Calvet, servante de Mon-
« sieur Ferré, successeur de M. Peytou, femme
« courageuse s'il en fût, ne se laissant impression-
« ner par rien, n'ayant aucune foi à tout ce qu'on
« racontait, qui aurait sans crainte couché dans
« une église, comme l'on dit vulgairement pour
« désigner une personne qui n'a pas peur ; cette
« servante, dis-je, nettoyait un soir à la nuit tom-
« bante, et dans le corridor de la grange, les us-
« tensiles de cuisine. M. Ferré, son maître, qui avait
« été voir M. le curé Desplas, son voisin, ne devait
« pas rentrer. Pendant que la susdite Calvet était
« occupée à bien laver ses ustensiles, un curé passe
« devant elle sans lui adresser la parole. « Oh ! vous
« ne me ferez pas peur, Monsieur le curé, dit-elle. Je
« ne suis pas si bête de croire que Monsieur Peytou
« revient. Voyant que le curé qui était passé et
« qu'elle prenait pour son maître ne lui disait rien,
« Marie Calvet lève la tête, se tourne et n'aper-
« çoit rien. Alors la peur commença à s'emparer
« d'elle, et elle descendit rapidement chez les voi-
« sins pour leur dire ce qui venait de lui arriver,
« et prier la femme Galy de venir coucher avec elle.

« Troisième. — Anne Maurette, épouse Fer-
« rau (Raymond), encore vivante, allait à la
« pointe du jour, à la montagne, chercher avec son
« âne une charge de bois. En passant devant le
« jardin presbytéral, elle voit un curé qui se pro-
« menait, un bréviaire à la main, le long de l'allée.
« Au moment où elle voulait lui dire : « Bonjour !

« Monsieur le curé, vous vous êtes levé bien matin »,
« le prêtre se tourne, continuant la récitation de son
« bréviaire. La femme, ne voulant pas interrompre
« M. le curé dans ses prières, poursuit son chemin
« sans qu'aucune pensée de revenant se présentât
« à son esprit. En rentrant de la montagne avec
« son âne chargé de bois, elle rencontra M. le curé
« de Sentenac devant l'église : « Vous vous êtes levé
« bien matin, Monsieur le curé, dit-elle, je croyais que
« vous vouliez aller en voyage, quand en passant je
« vous ai vu dire l'office dans votre jardin. —
« Non ! ma bonne femme, répondit M. le curé,
« il n'y a pas longtemps que j'ai quitté mon lit ; je
« viens à peine de dire la sainte messe. — Et alors,
« répliqua cette femme, comme saisie de frayeur,
« quel était ce prêtre qui récitait à la pointe du jour
« son bréviaire dans l'allée de votre jardin, et qui
« s'est retourné au moment où je voulais lui adres-
« ser la parole ! J'ai été fort heureuse de croire que
« c'était vous-même, Monsieur le curé ; je serai
« morte de peur si j'avais pu croire que c'était le
« curé qui n'est plus. Mon Dieu ! Mon Dieu ! Je
« n'aurais plus le courage de repasser le matin. »

« Voilà, Monsieur, trois faits qui ne sont pas le
« produit d'une imagination faible et effrayée. Je
« doute que la science puisse naturellement les ex-
« pliquer. Sont-ce des revenants ? Je me garderai
« de l'affirmer, mais c'est toujours quelque chose
« qui n'est pas naturel.

« Votre bien dévoué,
« J. Augé. »

Nous regrettons que M. Augé n'ait pas cru devoir pousser plus loin ses investigations. Nous aurions surtout voulu connaître à fond ce qu'il y avait de vrai ou de faux dans certaines manifestations de l'abbé Peytou, qui semblait indiquer de sa part le désir de dire la messe. Les gens du pays, simples villageois sans instruction, en avaient conclu que l'abbé Peytou était en peine parce qu'il avait reçu l'argent d'un certain nombre de messes, et que la mort l'avait surpris avant qu'il eût achevé de les dire. M. Augé m'a avoué qu'il ne s'était pas arrêté à ce qu'il avait entendu raconter à ce sujet, croyant que la chose était absolument impossible, d'après ce qu'il avait lu dans les ouvrages de théologie. Il ne s'était pas aperçu que la lecture du bréviaire était non moins extraordinaire que la velléité de dire la messe; il ignorait, d'ailleurs, que le posthume, comme nous aurons maintes fois occasion de le remarquer, aime à revenir aux occupations qui lui étaient familières.

L'histoire suivante n'est pas moins caractéristique et n'a pas fait moins de bruit que celle de l'abbé Peytou :

Il y a une vingtaine d'années, M. X..., âgé d'environ soixante ans, habitant d'une commune du canton d'Oust (Ariège), mourut à la suite d'une maladie assez courte. Comme il avait joué quelque rôle dans son pays, cet événement produisit une certaine sensation. Aussitôt après sa mort, sa maison devint le théâtre d'une foule de scènes nocturnes que je ne raconte pas ici, parce que j'aurais plusieurs fois occasion de revenir, dans la suite de ce chapitre, sur des faits analogues. Cela dura plusieurs années. Je rapporterai seulement trois faits que je donne comme authentiques, les tenant des témoins eux-mêmes. Le premier de ces témoins était un jardinier. Voici son récit :

« Le soir de la veille de Pâques, je m'étais attardé dans un jardin pour quelque travail que je n'avais pu faire le jour. Ma besogne terminée, comme j'allais me retirer, j'entendis brusquement, par deux ou trois fois, le cri aigu d'un ciseau qui taillait la vigne. A ce bruit je me retourne et me trouve nez à nez avec le défunt M. X...

« — Comment était-il habillé ? lui demandais-je.

— Comme de son vivant, chapeau sur la tête, cache-nez au cou et l'air souriant.

« — Pourquoi ne lui avez-vous pas parlé ?

« — J'allais le faire, puis j'ai hésité, et alors, gagnant la porte du jardin, je me suis retiré.

« — Êtes-vous demeuré longtemps face à face ?

« — Le temps de dire un *Ave Maria*.

« — Avez-vous eu peur ?

« — Non, je vais de nuit et de jour, et je n'ai jamais rien vu. Cependant, en rentrant chez moi, peu à peu je me suis pris de frayeur. »

Le second fait qui se passa le même soir avait eu pour témoin le fossoyeur de la commune qu'avait habitée et où était mort M. X... Voici sa narration :

« La veille de Pâques, ayant à creuser une fosse, et trompé par les cloches qui sonnaient le réveillon vers minuit, dans un village voisin, je crus que c'était l'*Angelus*, et me rendis au cimetière pour me mettre au travail. En ouvrant la porte, je fus surpris de voir près de la grande croix, et à peu de distance de la tombe de M. X..., un homme debout. « Tiens ! me dis-je, en voilà un qui s'est levé « bien matin pour suivre les stations, » et, comme je cherchais à comprendre qui ce pouvait être, je remarquai que l'individu s'avançait vers moi, et je reconnus M. X... Alors je refermai la grille du cimetière, cherchant à mettre le pilier de la porte entre ce personnage et moi, et je rentrai dans ma maison non sans être saisi de frayeur.

« — Comment était-il habillé ?

« — Comme de son vivant, avec son cache-nez et son chapeau.

« — Pourquoi ne l'avez-vous pas attendu pour lui parler ?

« — Je m'en serais bien gardé. »

Comme ses camarades le plaisantaient quelquefois à propos de cette histoire, il répondait invariablement : « Croyez ou ne croyez pas, peu m'importe ; je raconte ce que j'ai vu, je n'ai pas autre chose à vous dire. »

Le troisième fait se passa sous les yeux d'un douanier en retraite. Je reproduis textuellement ses paroles. Circonstance à noter, cet événement eut lieu dans la même soirée que les deux autres :

« La veille de Pâques, j'étais de garde avec un autre employé près d'une propriété ayant appartenu à M. X... Je vis un personnage qui allait et venait près de moi, ouvrant et refermant une porte d'entrée.

« Je me dis : L'homme d'affaires de M. X... est bien matinal aujourd'hui. Puis, observant plus attentivement, je reconnus M. X... lui-même. Mon premier mouvement fut d'éveiller mon camarade, pour lui faire part de cette apparition extraordinaire. Cependant je m'abstins.

« — Comment M. X... était-il habillé ?

« — Comme de son vivant, avec le chapeau et le cache-nez qu'il portait toujours.

« — Dès que vous l'avez reconnu, avez-vous eu quelque frayeur ?

« — Je suis un vieux douanier, et je n'ai eu aucune peur, à preuve que je n'ai pas éveillé mon camarade. Cependant, j'avoue que le reste de la nuit je n'étais pas dans mon assiette ordinaire. »

Les apparitions sous forme humaine, comme celles que je viens de raconter, sont rares. Les manifestations les plus familières à la personnalité posthume paraissent être des bruits qui se produisent de diverses façons et dégénèrent parfois en tapage inquiétant pour les gens de la maison qui en est le théâtre. C'est d'ordinaire pendant la nuit qu'ont lieu ces vacarmes. On entend, mais on n'aperçoit rien, pas même les projectiles lancés contre les murs ou les parquets. Quelquefois, cependant, ces scènes nocturnes sont accompagnées de circonstances particulières qui permettent d'en désigner l'auteur.

Telle est la relation qu'on va lire, et que j'emprunte au savant traducteur des œuvres de Gorres, M. Charles Sainte-Foix :

« Le fait suivant s'est passé dans la maison même de mon père, vers l'an 1812 :

« Un soir, vers dix heures, ma mère fut éveillée par un bruit inaccoutumé dans la cuisine, séparée par la salle à manger de la chambre où elle dormait avec mon père. Elle le réveilla en lui faisant part de ses inquiétudes, et le pria d'aller voir si la porte qui donnait dans la cour avait été bien fermée, car elle croyait que c'était le chien qui était entré et avait causé tout ce bruit. Mon père, certain d'avoir fermé la porte le soir, attribua à un rêve ou à une illusion les impressions de ma mère, et l'engagea à se rendormir, comme il le fit lui-même. Mais au bout de quelques minutes, ma mère entendit de nouveaux bruits, et réveilla une seconde fois mon père. Elle ne put cependant parvenir à le convaincre ; et, ne voulant croire qu'à soi, il se mit sur son séant pour ne pas s'endormir, attendant que le bruit recommençât. Il n'attendit pas longtemps, et finit par croire que sa mémoire l'avait mal servi, qu'il avait effectivement oublié de fermer en dedans la porte de la cuisine, que le chien de garde y était entré et frappait les uns contre les autres les pots, les plats, les casseroles et tous les autres ustensiles de ménage; car c'était un bruit de cette sorte que l'on entendait. Il se leva donc, prit une lumière, visita la cuisine, y trouva tout en ordre et la porte fermée, de sorte qu'il finit par croire qu'il avait été trompé par ses sens et qu'il n'était pas peut-être éveillé lorsqu'il avait cru entendre le bruit. Il se remit au lit, laissant toutefois sa bougie allumée pour voir si le bruit recommencerait. A peine était-il couché qu'un tapage bien plus considérable encore se fit entendre. Certain que ce ne pouvait être dans la cuisine, il visita toutes les autres chambres de la maison, depuis la cave jusqu'au grenier. Le vacarme continuait toujours, mais rien ne paraissait. Il réveilla les domestiques, qui dormaient dans un autre corps de logis, visita de nouveau avec eux toute la maison, entendant toujours, mais ne voyant rien. Le bruit avait changé de place et de nature; il avait passé dans la salle à manger, où il semblait que des pierres de vingt à trente livres tombaient de huit ou dix pieds sur un meuble qui était appuyé contre le mur. Après huit ou dix coups de cette sorte, un dernier coup beaucoup plus fort que les autres annonçait une pause; puis, aussitôt après, il semblait qu'une main vigoureuse remuait une barre de fer entre des pavés. Plusieurs voisins, réveillés par le bruit, vinrent à la maison pour savoir ce que cela voulait dire et aidèrent mon père à faire de nouvelles recherches, car il croyait si peu aux revenants que l'idée même ne lui en était pas venue à l'esprit, et toute sa crainte était que ce ne fussent des voleurs. Il se disait, d'un autre côté, que les voleurs avaient tout intérêt à se cacher, et qu'il était bien peu habile de leur part de manifester leur présence d'une manière aussi bruyante. Il pensa donc que ce pouvait être des rats. Mais comment des rats pouvaient-ils faire un tel vacarme et des bruits si divers? Tout cela le jetait dans de grandes incertitudes, et il ne savait à quoi s'arrêter. Vers trois heures du matin, il congédia ses voisins et ses domestiques, en les invitant à se remettre au lit, certain que ce ne pouvait être des voleurs, et c'était là le point capital pour lui. Le bruit avait duré quatre heures environ et avait été entendu par sept ou huit personnes. Il cessa vers quatre heures du matin.

« Vers sept heures, un exprès vint annoncer à mon père qu'un de ses parents, nommé F..., était mort dans la nuit, entre dix et onze heures, et que, près de mourir, il avait exprimé de nouveau le désir que mon père se chargeât de la tutelle des enfants qu'il laissait après lui. Il avait, en effet, manifesté bien souvent ce désir à mon père dans le courant de sa maladie, sans pouvoir jamais vaincre sa résistance. En vain mon père lui avait opposé la multiplicité de ses affaires et des soins dont elles étaient pour lui la cause. En vain lui avait-on désigné d'autres personnes mieux en état que lui de se charger de la mission qu'il voulait lui confier, il n'avait pu, malgré toutes les raisons, le détourner de cette idée qu'il avait emportée avec lui dans l'autre vie.

« La coïncidence de cette mort avec le bruit qui s'était fait entendre pendant la nuit frappa ma mère, et lui fit penser qu'elle n'était pas seulement l'effet du hasard. Elle insista donc auprès de mon père pour l'engager à accepter la tutelle des enfants du défunt. Mon père, ne partageant pas ses craintes, opposa toujours la même résistance. Cependant, pour la tranquilliser, et croyant par là ne s'engager à rien, il lui promit que si le bruit recommençait, il accepterait la charge qu'on voulait lui imposer. Croyant toujours que ce bruit provenait de quelques hommes qui lui en voulaient ou qui avaient l'intention de se jouer de lui, il résolut de prendre toutes ses précautions pour découvrir leurs artifices. Il fit donc coucher dans sa chambre deux hommes très forts et qui passaient pour très courageux, et il attendit patiemment dans son lit. A minuit, le bruit recommença, mais bien plus fort et bien plus terrible que la veille. Mon père se lève, et dit aux deux hommes qui couchaient dans sa chambre de se lever aussi et de l'aider à visiter tous les coins de la maison; mais ils étaient saisis d'une telle frayeur que rien ne put les décider à sortir de leur lit, et qu'une sueur froide coulait de tout leur corps. Mon père parcourut donc seul avec ses domestiques toute la maison sans rien découvrir. Le bruit dura très peu, mais fut beaucoup plus violent que la première fois. Mon père, de retour dans sa chambre, céda aux instances de ma mère, plutôt pour lui faire plaisir que parce qu'il croyait que ces bruits venaient d'une cause extra-naturelle; et l'on n'entendit plus rien dans la maison. Trois ou quatre témoins de ce fait vivent encore et peuvent en attester la vérité. Je l'ai entendu raconter bien souvent par mon père, qui jamais cependant n'a pensé qu'il eût rien de surnaturel. Une chose cependant l'avait frappé et lui avait donné quelques craintes. La première nuit, au moment où le bruit était le plus fort, il avait appelé son chien en lui criant : « A moi ! » Ce chien était énorme, très fort, très méchant, et ce cri de mon père suffisait ordinairement pour le faire bondir et hurler. Mais cette fois, au lieu de sauter comme d'habitude, il se traîna en rampant jusqu'aux pieds de mon père, comme saisi d'épouvante. Cette circonstance fit sur mon père une impression très vive, et déconcerta ses pensées sans changer néanmoins sa conviction. »

Parfois on reconnaît la personnalité posthume à sa manière de marcher, lorsqu'on l'entend se promener dans une chambre. Ces exemples sont assez fréquents. Tel est le suivant :

Au mois de janvier 1855 mourut le propriétaire des anciens thermes d'Aulus. Aussitôt des bruits insolites eurent lieu dans cet établissement. Le gardien qui y couchait chaque nuit entendait, sitôt que la bougie était éteinte, le bruit que fait un homme qui remue des papiers ou des registres, bien qu'il n'y eût aucun de ces objets dans la chambre. Parfois, c'était les pas d'une personne se promenant à côté de lui, ou montant et descendant l'escalier. Un autre jour il sentait quelqu'un essayant de soulever son lit. Certaines nuits un vacarme effroyable avait lieu au rez-de-chaussée. On eût dit que des coups de marteau résonnaient à la fois sur toutes les baignoires. Le gardien se levait, allait visiter les cabines une à une, et ne voyait rien. Le bruit cessait dès qu'il ouvrait les portes, mais recommençait aussitôt qu'il était parti. Des choses non moins étranges so passaient quelquefois en plein jour. A une certaine époque, vers une heure de l'après-midi, un cri désespéré partait d'une extrémité de l'établissement; le gardien s'y rendait, examinait soigneusement l'endroit d'où était parti le cri, sans rien rencontrer, et pendant son inspection le même cri se reproduisait à l'autre extrémité. Cela se renouvela plusieurs jours de suite. Une autre fois, des douaniers, revenant de la montagne et passant sur la colline qui avoisine les thermes, entendirent un vacarme épouvantable, comme si les bâtiments allaient s'effondrer.

Les divers gardiens qui se sont succédé dans cet établissement ont été témoins des mêmes manifestations nocturnes. Je les ai tous connus et je puis affirmer que c'étaient des hommes peu accessibles à la peur. L'un d'eux, qui sortait d'un régiment de zouaves, avait reçu de ses camarades, à raison de son intrépidité, le surnom de *Chacal*. Un autre est aujourd'hui chasseur de tigres dans les *pampas* de l'Amérique du Sud. Cependant, il leur était souvent arrivé de faire coucher des camarades avec eux pour ne pas être seuls dans l'établissement. Inutile d'ajouter que ces derniers entendaient les mêmes bruits. Parfois il se présentait des variantes assez singulières. Une femme, qui était venue coucher dans une chambre voisine de celle du gardien, sentit une main invisible lui tirant ses couvertures. Elle sortit en toute hâte de la chambre, et ne voulut plus y rentrer.

D'autres fois, c'était des coups qui se faisaient entendre sur les cloisons. Une nuit, la galerie du premier étage fut sillonnée, vers une heure du matin, par un bruit étrange et rapide, rappelant celui que produit une locomotive lancée à toute vitesse. Ce bruit se répétant chaque soir, le gardien, qui alors était le chasseur de tigres dont je viens de parler, prit son fusil, attendit le convoi au passage et déchargea son arme au moment où il crut le sentir devant lui : il cassa une branche d'un des acacias de l'allée des thermes, mais n'atteignit nullement l'ennemi invisible, qui recommença de plus belle. Tous ceux qui avaient assisté aux promenades nocturnes qu'on entendait parfois dans les chambres, les galeries et les escaliers reconnaissaient la marche de l'ancien propriétaire de l'établissement. Une circonstance à noter, c'est qu'il ne s'est jamais rien produit de semblable dans un autre petit établissement thermal, qui n'était situé qu'à trois ou quatre mètres environ du précédent, mais qui appartenait à un autre propriétaire. Ces bruits se ralentirent à la longue, mais ne cessèrent complètement qu'en 1872, époque à laquelle on démolit l'établissement pour faire place aux thermes actuels. Cependant, une dame de Saint-Girons, Mme Rumeau, qui venait chaque années à Aulus pendant la saison thermale, pour prendre soin du linge de l'établissement, et logeait dans les nouvelles constructions, m'a raconté qu'en 1877 elle avait plusieurs fois entendu, la nuit, dans la buvette, un grand cliquetis de verres et de bouteilles. On eût dit que ces objets se brisaient en morceaux en se heurtant ou en tombant sur le sol. Elle allait visiter la buvette, et trouvait verres et bouteilles à leur place. Cette circonstance bizarre se présente très fréquemment dans les manifestations posthumes; j'aurais plusieurs fois occasion d'y revenir.

Dans certains cas on distingue, en même temps que la marche d'une personne, le frôlement d'une robe. Les manifestations qui ont lieu sont alors attribuées à une femme.

Vers 1830, une dame d'un âge assez avancé, Mme X..., mourut dans sa maison de campagne, aux environs de la Bastide-de-Sérou (Ariège). Des manifestations nocturnes, quelquefois même diurnes, se produisirent aussitôt, soit dans sa chambre à coucher, soit dans les autres pièces de l'habitation. Quand la famille recevait un étranger et qu'on lui donnait pour passer la nuit la chambre de Mme X..., dès qu'il était au lit et qu'il avait éteint la bougie, il entendait quelqu'un se promener dans la pièce qu'il occupait, ou remuer les meubles. Parfois le mystérieux personnage s'approchait du lit, et essayait de tirer les couvertures. Le dormeur devait retenir les draps avec force pour ne pas être mis à découvert. Le frôlement d'une robe de soie accompagnait cha-

cun des mouvements du visiteur nocturne ; aussi la cause de ces étranges événements fut-elle aussitôt attribuée, par tous les gens de la maison, à Mme X...
— D'autres fois, c'étaient les verres et les assiettes de la salle à manger qui s'agitaient, s'entre-choquaient, tombaient sur le parquet et se brisaient avec fracas. On accourait pour connaître la cause de ce tapage et ramasser les débris. Le bruit cessait aussitôt, verres et porcelaines étaient à leur place habituelle, aucun débris ne couvrait le parquet. Ces scènes avaient lieu quelquefois le jour aussi bien que la nuit, et se produisaient même en l'absence des gens de la maison. Non loin de l'habitation se trouvait une ferme. Un jour de foire, le fermier, voulant conduire ses bœufs à la ville, se leva de grand matin pour les faire manger, puis il les mena à l'abreuvoir, situé à côté de la résidence de Mme X... La famille étant partie depuis la veille, et personne ne se trouvant dans la maison, on pouvait espérer que rien d'insolite ne se produirait cette nuit. Néanmoins, au moment où les bœufs s'abreuvaient, on entendit un vacarme si épouvantable dans l'intérieur de l'habitation, que les pauvres bêtes, affolées de terreur, se débandèrent, et le fermier perdit toute la matinée à les rattraper et à les ramener. La famille de Madame X..., pensant que l'âme de la défunte était en peine, ne négligea ni les messes, ni les prières pour la tirer d'embarras. Tout fut inutile, les manifesta-

tions posthumes de Mme X... se continuèrent pendant plusieurs années.

Ne sachant plus que faire pour sortir de cette situation, on imagina l'expédient suivant : une nuit, avant l'heure du coucher, on plaça du papier, de l'encre et une plume, sur une table, dans la pièce où se produisaient le plus fréquemment les bruits nocturnes, et en tête du papier on écrivit quelques lignes qui invitaient le revenant à manifester ses désirs, afin qu'on pût les satisfaire. Le lendemain on s'aperçut que le papier, l'encre et la plume avaient été déposés, intacts, aux pieds de la table. Mais sur cette même table se trouvait un dictionnaire qui avait été ouvert pendant la nuit, et sur l'une des pages mises à jour on remarqua trois petites taches rouges, de la dimension d'un grain de maïs qu'on aurait écrasé, et qu'on assimila à des taches de sang. Les bruits cessèrent peu après cette singulière aventure, et, chose remarquable, ils se renouvelèrent quelques années après ; mais, cette fois, ils furent de peu d'intensité et de courte durée. Je tiens tous ces détails, que j'ai beaucoup abrégés, de la famille de Madame X...

Parfois l'individualité de l'être posthume se révèle par des goûts, des habitudes qui lui étaient familières de son vivant. Il y a environ trente-cinq ans vivait à Saint-Girons un jeune homme d'une complexion robuste, aux goûts militaires. Il aimait à faire des armes et se livrait souvent à cet exercice; dans sa chambre l'on voyait une collection de fleurets, de masques, de gants, etc. Ayant été pris de quelques accès de folie, on l'enferma dans l'hospice d'aliénés de Saint-Lizier, où il mourut peu après. Cet hospice est à deux kilomètres environ de Saint-Girons. La chambre qu'habitait le jeune homme avant sa maladie était située au premier étage. Immédiatement au-dessous se trouvait un tailleur avec sa famille. Le jour de la mort du jeune homme, vers les onze heures du soir, la famille était déjà couchée lorsqu'elle entendit la porte de la rue s'ouvrir, et quelqu'un monter précipitamment l'escalier. « Tiens, se dit le locataire, on dirait que ce sont les pas du fou. Est-ce que par hasard se serait lui ? » En même temps l'inconnu entre dans la chambre du premier étage, et on entend aussitôt les coups cadencés que frappe le pied d'un homme faisant de l'escrime dans une salle d'armes. Ces coups étaient plus précipités qu'ils ne le sont généralement, et à ce vacarme se joignait le bruit des fleurets et des masques qui semblaient se détacher du mur, se heurter ou tomber à terre. Le tailleur se lève, allume la bougie et se rend à la chambre du premier étage. Le tapage cesse dès qu'il ouvre la porte; rien n'est tombé sur le parquet, tous les objets se trouvent à leur place. Notre homme va se recoucher, et le vacarme recommence; le silence ne se rétablit que vers une heure du matin. Les jours suivants, les mêmes scènes se produisirent à la même heure et dans des circonstances identiques. Fatigué de faire des visites inutiles à la chambre d'où partait le tapage, le tailleur finit par s'y accoutumer et ne se dérangeait plus. Ces bruits duraient encore lorsqu'il quitta la maison. Il était persuadé, ainsi que sa femme et ses enfants, que le visiteur nocturne était bien le jeune décédé, car tous étaient unanimes à déclarer qu'ils reconnaissaient ses pas précipités toutes les fois qu'il montait ou descendait l'escalier. Aussi avaient-ils l'habitude de dire lorsqu'ils l'entendaient arriver le soir à son heure habituelle : *Té, té, etchoou qué tournatsh* (Tiens, le fou qui revient). C'est le tailleur lui-même qui m'a donné ces détails.

Dans l'exemple qui suit, la personnalité posthume n'est pas aussi nettement dessinée que dans les cas précédents, mais il est facile de suivre ses traces et de remonter jusqu'à son origine :

« Près d'un village des Landes, une femme venait de perdre sa mère. Elle habitait, comme la plupart des gens de la campagne, un rez-de-chaussée qui donnait sur une cave. Depuis la mort de sa mère, elle entendait la nuit quelqu'un marcher et fureter dans la cave. Se trouvant seule dans la maison, et la porte du dehors étant fermée à clef, elle supposa d'abord que c'étaient des rats qui causaient ce tapage. Convaincue, après plusieurs recherches infructueuses, que les rats ne pouvaient produire un tel bruit, elle alla raconter le fait au curé, homme d'expérience qui connaissait les habitudes des pauvres gens de la campagne; au lieu de l'engager à faire dire des messes, comme cela se pratique d'ordinaire dans les pays catholiques, il lui conseilla de fouiller attentivement tous les coins et recoins de la cave, et d'en retirer ce qu'elle pourrait y trouver de caché. La femme, ayant suivi cet avis, rencontra une petite somme d'argent soigneusement enfouie dans un des réduits les plus retirés. Elle emporte cette somme, et n'entendit plus aucun bruit. C'était la cachette où la vieille allait déposer ses petites économies, et dès lors on ne pouvait attribuer la personnalité du visiteur nocturne qu'à son individualité posthume. »

Dans beaucoup de cas, les manifestations d'outre-tombe n'offrent rien de particulier qui indique d'une manière précise leur auteur. Cependant, on ne peut se tromper dans cette recherche, car ces événements sont toujours précédés de la mort d'une des personnes de la maison. Ce sont d'ordinaire des tapages nocturnes très variés dans leurs effets. Il y a une quinzaine d'années, un paysan, habitant un hameau du canton d'Oust (Ariège), se pendit à la suite d'un violent chagrin. Son habitation devint aussitôt le théâtre de scènes nocturnes les plus tumultueuses et les plus inexplicables. On entendait les chaises se remuer, la vaisselle tomber à terre et se briser en éclats ; des coups de marteau ou de massue frapper les cloisons, les meubles, s'agiter en tous sens, etc., etc. Dans la pièce où l'on tenait le bois, on eût dit que les bûches étaient en insurrection. Elle s'entre-choquaient ou se lançaient contre les murs avec une violence extraordinaire et produisaient un vacarme effrayant. Entrait-on dans le bûcher ou dans la salle où se produisait le cliquetis de verres et de vaisselle brisée, on se trouvait en face d'un autre phénomène non moins inexplicable que les précédents : le silence le plus complet succédait tout à coup au tapage le plus bruyant ; tous les objets étaient à leur place habituelle. Rien n'avait été détérioré. Nous avons vu ce même phénomène se reproduire chaque fois dans des circonstances analogues, et l'on peut poser en principe que c'est une des lois des manifestations posthumes. Lorsque les personnes de la maison se trouvaient au lit, une main invisible leur tirait les couvertures, et chaque fois elles étaient obligées de les retenir avec force pour ne pas s'exposer à dormir en chemise. Tous ces prodiges cessaient dès qu'on apportait une bougie. La personnalité posthume semble fuir la lumière ; pour me servir d'une expression empruntée à la médecine, elle est photophobe. Je donnerai plus tard l'explication de ce fait.

« Un soir, à la tombée de la nuit, une femme de la maison tenait à la main une paire de ciseaux retenus par une chaîne. La bougie n'étant pas encore allumée, elle sentit quelqu'un qui tirait cette chaîne, bien qu'elle fût seule dans la pièce où elle se trouvait. Elle appelle au secours ; on apporte une lumière, et aussitôt les ciseaux retombent. La lumière disparue, la lutte recommence pour cesser de nouveau dès que la bougie reparaît. On répéta plusieurs fois l'expérience, et chaque fois le même prodige se renouvela. Ces scènes durèrent plusieurs années, et eurent pour témoins tous les habitants des environs. Le bruit s'en étant répandu jusqu'à Saint-Girons, quelques notables de cette ville, parmi lesquels on comptait des magistrats et des médecins, résolurent de se rendre sur les lieux pour s'assurer par eux-mêmes de l'authenticité de ces faits. Le projet n'eut pas de suite, mais le souvenir de ce que je viens de raconter est encore présent dans la mémoire de tous les habitants du canton. »

La tendance à tirer les couvertures du lit et à découvrir le dormeur est une circonstance qui se reproduit non moins fréquemment que les tapages nocturnes, et dans laquelle l'action de la personnalité posthume s'accuse de la manière la moins équivoque. D'ordinaire, ces deux sortes de manifestations marchent de pair, ainsi que nous l'avons vu dans plusieurs des exemples précédents. Cependant, il est des cas où le mystérieux visiteur fait grâce du vacarme, et se contente de tirer les couvertures ou de soulever le lit. Ce mode de procéder est encore moins du goût des dormeurs que les coups frappés aux cloisons, et il leur arrive souvent d'être obligés de déserter la maison, s'ils veulent retrouver le repos. Je pourrai citer plusieurs exemples de ce genre. En voici un que je tiens de la personne même qui a été l'objet de l'aventure :

« C'est une femme d'un caractère sérieux et d'une certaine instruction. Elle avait élevé le fils d'un riche propriétaire, qui habitait un château aux environs de Foix. L'enfant, ayant de bonne heure perdu sa mère, conçut pour sa gouvernante l'affection d'un fils. Devenu grand, il quitta la maison paternelle et alla se fixer en Afrique. En 1873, cette femme se trouvait une nuit dans son lit, lorsqu'elle crut entendre quelque chose d'inaccoutumé dans sa chambre. Il lui semblait distinguer par intervalle une sorte de gémissement étouffé. Le lendemain, une dépêche annonça la mort du jeune homme. A partir de ce jour, des manifestations posthumes nettement caractérisées se produisirent dans la même pièce. Chaque nuit, à la même heure, la gouvernante entendait quelqu'un ouvrir la porte de sa chambre, bien qu'elle fût fermée à clef, faire le tour de l'appartement, s'arrêter devant le lit, tirer les rideaux et saisir avec force les couvertures. Une lutte s'engageait alors entre elle et le personnage invisible. La pauvre femme était obligée, pour ne pas s'exposer à dormir en chemise, de se rouler dans ses couvertures. Une sorte de gémissement plaintif se faisait parfois entendre. Au bout d'une heure ou deux, la porte de la chambre s'ouvrait de nouveau, et tout rentrait dans le silence. La gouvernante a attribué sans hésiter la cause de tous ces prodiges à la personnalité posthume du jeune homme qu'elle avait élevé, car, outre la coïncidence de la mort de ce dernier et des manifestations qui se produisirent aussitôt, elle reconnaissait sa manière de marcher au bruit des pas qu'elle entendait chaque soir auprès d'elle. Fatiguée à la longue de ces scènes importunes, elle tomba malade et se vit forcée de quitter le château, après avoir patienté six mois. »

J'ai dit que si le posthume se manifeste fréquemment par des bruits variés, ses apparitions sous forme humaine sont rares; cependant, on les observe quelquefois immédiatement après le décès de certaines personnes. J'ai recueilli plusieurs faits de ce genre. Tel est le suivant, dont je puis garantir l'authenticité. Il m'a été raconté par Mme D..., de Saint-Gaudens. Voici son récit :

« J'étais encore jeune fille et je couchais avec

ma sœur, plus âgée que moi. Un soir, nous venions de nous mettre au lit et de souffler la bougie. Le feu de la cheminée, imparfaitement éteint, éclairait encore faiblement la chambre. En tournant les yeux du côté du foyer, j'aperçois, à ma grande surprise, un prêtre assis devant la cheminée et se chauffant. Il avait la corpulence, les traits et la tournure d'un de nos oncles qui habitait aux environs et qui était archiprêtre. Je fis part aussitôt de mon observation à ma sœur. Cette dernière regarde du côté du foyer, et voit la même apparition. Elle reconnaît également notre oncle l'archiprêtre. Une frayeur indicible s'empare alors de nous, et nous crions : *Au secours!* de toutes nos forces. Mon père, qui dormait dans une pièce voisine, éveillé par ces cris désespérés, se lève en toute hâte et arrive aussitôt une bougie à la main. Le fantôme avait disparu ; nous ne voyons plus personne dans la chambre. Le lendemain, nous apprîmes par une lettre que notre oncle l'archiprêtre était mort dans la même soirée. »

Les apparitions posthumes peuvent se produire immédiatement après la mort, quelle que soit la distance qui sépare le défunt du lieu où il se montre. En d'autres termes, ces fantômes se meuvent avec une rapidité merveilleuse, qu'on peut presque comparer à celle de l'électricité ou de la lumière. Je donnerai bientôt l'explication de ce phénomène.

J'ai raconté plus haut qu'un jeune homme avait apparu aux environs de Foix, le soir même de son décès, bien qu'il fût mort sur les côtes d'Afrique. D'autres, qui habitaient l'Amérique, se sont montrés en Europe, au moment où ils venaient d'expirer, et avaient, par conséquent, franchi l'Atlantique en quelques secondes. Entre plusieurs exemples que je pourrais citer, je m'arrêterai au suivant, emprunté à l'ouvrage de Mirville : *Des Esprits et de leurs manifestations diverses*. Je transcris textuellement :

« M. Bonnetty, rédacteur actuel des *Annales de philosophie religieuse*, nous a raconté qu'un soir, avant de s'endormir, il voit l'image d'un de ses amis, alors en Amérique, entr'ouvrir les rideaux de son lit, et lui apprendre qu'il vient de mourir à l'instant. La triste nouvelle se confirme plus tard, et désigne ce même instant comme ayant été le dernier. Mais cette image portait un gilet dont le dessin, très extraordinaire, avait beaucoup frappé M. Bonnetty; il s'informe plus tard, et prie qu'on lui envoie le dessin de ce gilet. On l'envoie, et c'était complètement celui de l'*apparition*. »

Parfois les apparitions ont lieu pendant le sommeil. Si on objecte que ce sont de simples rêves, je répondrai que, tout en faisant la plus large part aux songes et aux hallucinations, il est difficile de ne pas croire à la réalité d'une apparition, lorsque vous voyez se présenter devant vous une personne que vous reconnaissez sans hésiter à sa taille, à ses traits, à son costume, qu'elle vous indique qu'elle vient d'expirer, et que le lendemain ou les jours suivants une lettre confirme cette vision.

Je m'étais rendu en Espagne, vers la fin de 1868, peu après le *pronunciamiento* qui avait mis fin au règne d'Isabelle. Je savais ce pays en ébullition, et je désirais étudier sur les lieux les conséquences de la révolution qui venait de s'accomplir. Je ne fus pas longtemps à m'apercevoir que la nation espagnole, pétrie depuis quatorze siècles dans le moule du catholicisme le plus rigide et le plus absolu qui fût jamais, et par cela même foncièrement monarchique, n'était pas mûre pour la liberté, qu'elle retournerait fatalement à ses vieilles idoles, et je ne craignis pas de faire part de mes prévisions aux lecteurs de la *Revue contemporaine* dans une étude qui parut au mois de juin de l'année suivante.

Le 12 janvier de cette même année, je me trouvais à Barcelone, lorsqu'au milieu de la nuit, et pendant mon sommeil, je vis distinctement devant moi la figure d'une jeune personne qui m'était sincèrement attachée et qu'avant mon départ pour l'Espagne j'avais laissée à Paris, se mourant d'une maladie de poitrine. Mon premier mouvement, dès que je l'aperçus, fut d'aller à elle pour lui souhaiter la bienvenue. Comme je m'approchai, je la vis reculer, et je reconnus sur sa figure la lividité caractéristique du cadavre. Je m'éveillai en sursaut, et, bien que j'eusse constamment mis au rang des rêves toutes les apparitions de ce genre que j'avais entendu raconter, je n'hésitai pas à dire au domestique de l'hôtel, dès qu'il entra le matin dans ma chambre : « Demain soir vous recevrez pour moi une lettre de Paris encadrée de noir. » La lettre arriva au jour et à l'heure indiqués. Elle annonçait ce que je savais déjà, que j'avais perdu ma pauvre amie dans la nuit du 12 janvier.

Le fait suivant n'est pas moins significatif. Il m'a été raconté par mon ami Victor Pilhes. Voici dans quelles circonstances il se produisit :

Victor Pilhes venait d'être nommé représentant de l'Ariège à la Législative de 1849 lorsqu'eut lieu la manifestation du 13 juin. On avait appris que l'armée française marchait sur Rome pour renverser la République romaine. La Constitution se trouvant ainsi ouvertement violée, quelques hommes d'énergie résolurent de la défendre. Mais la France, émasculée par les gouvernements qui s'étaient succédé depuis le 18 brumaire, avait hâte de courir à la servitude, *ruere in servitutem*, pour me servir de l'expression de Tacite. Au lieu de suivre ceux qui défendaient ses droits et ses intérêts, elle les livra à la merci de la soldatesque et des agents de police. Venus sans armes, ils furent facilement dispersés ou arrêtés. Cependant, un petit groupe de huit représentants du peuple, parmi lesquels se trouvaient le président de la Montagne, Deville et Victor Pilhes, était dans la cour du Conservatoire, prisonnier de la troupe. A ce moment, ils voient déboucher une compagnie de chasseurs à pied qui venait les chercher. Ils pouvaient encore s'échapper, à la faveur du tumulte indescriptible qui régnait dans cette enceinte, lorsque Deville s'écria : « J'étais capitaine à Waterloo, et je n'ai pas fui ; aujourd'hui je défends le droit et la loi, je ne fuirai pas non plus ; advienne que pourra. » Electrisés par ces nobles et patriotiques paroles, les autres représentants suivirent son exemple, et, voulant remplir leur devoir jusqu'au bout, se laissèrent conduire à la Conciergerie. Traduits, après cinq mois de prévention, devant la haute cour de Versailles, ils furent condamnés à mort. Un décret du gouvernement provisoire ayant aboli cette peine en matière politique, on dut se borner à la détention perpétuelle dans une prison d'Etat. Vers 1854, ils étaient dans la forteresse de Belle-Isle, lorsque Deville fut frappé d'une attaque de paralysie. Après maintes démarches, il obtint la liberté et rentra à Tarbes, dans sa famille. Quelques mois après son départ, Victor Pilhes, qui, dans l'intervalle, avait été transféré à Sainte-Pélagie, vit pendant son sommeil Deville lui apparaître en lui disant : « Vous êtes un des hommes que j'ai le mieux aimé dans ma vie ; je viens vous donner le dernier adieu, je vais mourir. » Notre prisonnier s'éveilla aussitôt ; mais, bien que cette vision ne fût pour lui qu'un songe ordinaire, il ne put se rendormir. Dès qu'il sortit de sa cellule, il raconta son rêve à ses camarades, qui n'y attachèrent pas plus d'importance que lui. Leur attention ne fut éveillée que le lendemain, lorsqu'ils reçurent une lettre de Tarbes leur annonçant la mort de Deville.

La première fois que Victor Pilhes me raconta cette anecdote, je n'y vis, comme lui, qu'un simple rêve, suivi d'une coïncidence curieuse. Il n'en est plus de même, aujourd'hui que des centaines de faits analogues ont défilé devant moi.

Je clos ici la liste des manifestations posthumes attribuées à la personnalité humaine, me réservant toutefois d'y revenir dans un des chapitres suivants, pour la compléter à certains égards. Je pourrai facilement la doubler, même la tripler, avec les seuls documents qui m'ont été communiqués, mais je crois en avoir assez dit pour éveiller l'attention des gens sérieux. Au surplus, je renverrai les personnes qui conserveraient encore des doutes à la lecture des nombreux ouvrages écrits sur cette matière, et dont quelques-uns ont pour auteurs de savants médecins ou d'éminents jurisconsultes.

CHAPITRE II

Faits établissant l'existence d'une seconde personnalité chez l'homme vivant. — Ses divers modes de manifestation.

L'existence de la personnalité posthume étant démontrée par des milliers de faits observés dans tous les siècles et chez tous les peuples, il reste à rechercher sa nature et son origine. Elle procède évidemment de la personnalité vivante, dont elle se présente comme la continuation avec sa forme, ses habitudes, ses préjugés, etc. ; examinons donc s'il ne se trouve pas dans l'homme un principe qui, se détachant du corps lorsque les forces vitales abandonnent ce dernier, continue encore pendant quelque temps l'action de l'individualité humaine. De nombreux faits démontrent que ce principe existe, et qu'il se manifeste quelquefois pendant la vie, offrant en même temps les caractères de la personnalité vivante et ceux de la personnalité posthume. Je vais en rapporter quelques-uns puisés aux meilleures sources, et qui paraissent concluants. Le premier m'a été raconté lors de mon passage à Rio-Janeiro.

C'était en 1858 ; on s'entretenait encore, dans la colonie française de cette capitale, d'une apparition singulière qui avait eu lieu quelques années auparavant. Une famille alsacienne, composée du mari, de la femme et d'une petite fille, encore en bas âge, faisait voile pour Rio-Janeiro, où elle allait rejoindre des compatriotes établis dans cette ville. La traversée étant longue, la femme devint malade, et faute sans doute de soins ou d'une alimentation convenable, succomba avant d'arriver. Le jour de sa mort, elle tomba en syncope, resta longtemps dans cet état, et lorsqu'elle eut repris ses sens, elle dit à son mari, qui veillait à ses côtés : « Je meurs contente, car maintenant je suis rassurée sur le sort de notre enfant. Je viens de Rio-Janeiro, j'ai rencontré la rue et la maison de notre ami Fritz, le charpentier. Il était sur le seuil de la porte ; je lui ai présenté la petite ; je suis sûre qu'à ton arrivée il la reconnaîtra et en prendra soin. » Quelques instants après, elle expirait. Le mari fut surpris de ce récit, sans toutefois y attacher d'importance. Le même jour et à la même heure, Fritz le charpentier, l'Alsacien dont je viens de parler, se trouvait sur le seuil de la porte de la maison qu'il habitait à Rio-Janeiro, lorsqu'il crut voir passer dans la rue une de ses compatriotes tenant dans ses bras une petite fille. Elle le regardait d'un air suppliant, et semblait lui présenter l'enfant qu'elle portait. Sa figure, qui paraissait d'une grande maigreur, rappelait néanmoins les traits de Lotta, la femme de son ami et compatriote Schmidt. L'expression de son visage, la singularité de sa démarche, qui tenait plus de la vision que de la réalité, impressionnèrent vivement Fritz. Voulant s'assurer qu'il n'était pas dupe d'une illusion, il appela un de ses ouvriers qui travaillait dans la boutique, et qui lui aussi était Alsacien et de la même localité.

— Regarde, lui dit-il, ne vois-tu pas passer une femme dans la rue, tenant un enfant dans ses bras, et ne dirait-on pas que c'est Lotta, la femme de notre *pays* Schmidt?

— Je ne puis vous dire, je ne la distingue pas bien, répondit l'ouvrier.

Fritz n'en dit pas davantage; mais les diverses circonstances de cette apparition réelle ou imaginaire se gravèrent fortement dans son esprit, notamment l'heure et le jour. A quelque temps de là il voit arriver son compatriote Schmidt, portant une petite fille dans ses bras. La visite de Lotta se retrace alors dans son esprit, et avant que Schmidt eût ouvert la bouche, il lui dit:

— Mon pauvre ami, je sais tout; ta femme est morte pendant la traversée, et avant de mourir elle est venue me présenter sa petite fille pour que j'en prenne soin. Voici la date et l'heure.

C'était bien le jour et le moment consignés par Schmidt à bord du navire.

C'est en réfléchissant aux diverses circonstances de ce récit que je me posai pour la première fois le problème du dédoublement de la personnalité humaine. Mais je ne pouvais sur un seul exemple fonder une théorie qui était en tout point l'antithèse de ce qu'on m'avait enseigné sur la nature de l'homme. Il fallait attendre que de nouveaux faits vinssent corroborer le premier. Mes études sur l'être posthume amenèrent ce résultat. Je rapprochai le fantôme d'outre-tombe du fantôme vivant, et je n'eus pas de peine à m'apercevoir que c'était le même personnage. Je ne pouvais toutefois établir une telle conclusion qu'en l'appuyant d'un grand nombre de preuves; je consultai alors les ouvrages des écrivains qui, d'une façon plus ou moins directe, avaient traité cette question. Je trouvai dans les rapports des théologiens, des magistrats, des médecins, des magnétiseurs, etc., une moisson de faits beaucoup plus abondante que je n'osais l'espérer. Le dédoublement de la personnalité humaine et, par suite, l'existence du fantôme posthume devint pour moi une certitude. Je vais transcrire quelques-uns des exemples qui m'ont paru les plus concluants et les plus dignes de foi. Le premier est emprunté au livre que M. Gougenot des Mousseaux a publié en 1864, sous ce titre : *Les hauts phénomènes de la magie, précédés du spiritisme antique.*

Un officier de l'armée anglaise ayant pris son

congé dans l'intention de revenir des Grandes-Indes en l'année 1830, tenait la mer depuis une quinzaine de jours, lorsque, abordant le capitaine, il lui dit :

— Vous avez donc à bord un inconnu que vous cachez ?

— Mais vous plaisantez ?

— Non, je l'ai vu, parfaitement vu ; mais il ne reparait plus.

— Que voulez-vous dire ? Expliquez-vous.

— Soit ; j'étais sur le point de me coucher, lorsque je vis un étranger s'introduire dans le salon, y faire la ronde, aller de cabine en cabine, les ouvrir et les quitter en faisant de la tête un signe négatif. Ayant écarté le rideau de la mienne, il y regarda, me vit, et comme je n'étais point celui qu'il cherchait, il s'éloigna doucement et disparut.

— Bah ! Mais, enfin, quels étaient le costume, l'âge, le signalement de votre inconnu ?

L'officier le décrivit avec une minutieuse exactitude.

— Ah ! Dieu me garde ! s'écria le capitaine ; si ce que vous dites n'était absurde, ce serait mon père, ce ne pourrait être un autre !...

Et la traversée s'accomplit. Puis le capitaine revint en Angleterre, où il apprit que son père avait cessé de vivre, et que la date de sa mort se trouvait postérieure au jour de l'apparition ; mais que ce jour même, et à l'heure de l'apparition, étant malade il avait eu le délire. Les personnes de la famille qui l'avaient veillé ajoutaient en parlant de cette crise : Dans son transport il s'écriait : « D'où pensez-vous que je revienne ? Eh bien, j'ai traversé la mer, je viens de visiter le vaisseau de mon fils, j'ai fait le tour des cabines, je les ai toutes ouvertes, et je ne l'ai vu dans aucune. »

M. Gougenot des Mousseaux nous apprend qu'il tenait cette histoire d'un ancien capitaine de cipayes de l'armée anglaise de l'Inde, et que ce dernier l'avait apprise de la famille même du capitaine du navire.

Ce qui frappe tout d'abord dans ce récit, c'est l'instantanéité du transport de l'homme fluide. Le fantôme vivant se meut avec une rapidité non moins merveilleuse que le fantôme posthume. Le père du capitaine du navire part d'Angleterre, va retrouver le bâtiment de son fils sur la route des Indes, visite attentivement les cabines une à une, et revient presque au même instant. Tout cela ne dure que le temps d'une crise. Nous avons vu le même fait se reproduire dans le voyage aérien de la femme alsacienne à Rio-Janeiro. C'est là un caractère propre à toute forme fluidique, qu'elle soit vivante ou posthume. J'ai donné, dans le chapitre précédent, la raison de ce phénomène, qui semble inexplicable au premier abord. Un autre fait à noter, c'est que, d'après le dire des personnes de la famille qui assistaient dans sa maladie, le père du capitaine du navire, le moribond, était tombé dans le délire quelques instants avant qu'il allât à la découverte de son fils, et que ce délire n'avait cessé qu'à son retour. Peut-être l'expression de *délire* est-elle mal choisie, et s'agissait-il d'une syncope. L'état de syncope paraît être le plus favorable à l'essor du fantôme vivant ; nous l'avons vu se produire au sujet de l'Alsacienne. J'aurai occasion d'en citer d'autres exemples. Chez certaines personnes, le sommeil suffit pour amener ce dédoublement. En voici un exemple que j'emprunte au même auteur :

Sir Robert Bruce, de l'illustre famille écossaise de ce nom, est second d'un bâtiment ; un jour, il vogue près de Terre-Neuve, et, se livrant à des calculs, il croit voir son capitaine assis à son pupitre, mais il regarde avec attention, et celui qu'il aperçoit est un étranger dont le regard froidement arrêté sur lui l'étonnait. Le capitaine, près duquel il remonte, s'aperçoit de son étonnement, et l'interroge.

— Mais qui donc est à votre pupitre ? lui dit Bruce.

— Personne.

— Si, il y a quelqu'un ; est-ce un étranger ?.. et comment ?

— Vous rêvez ou vous raillez ?

— Nullement, veuillez descendre et venir voir.

On descend, et personne n'est assis devant le

pupitre. Le navire est fouillé en tous sens ; il ne s'y rencontre aucun étranger.

— Cependant celui que j'ai vu écrivait sur votre ardoise ; son écriture doit y être restée, dit le capitaine.

On regarde l'ardoise ; elle porte ces mots : *Steer to the north-west*, c'est-à-dire : Gouvernez au nord-ouest.

— Mais cette écriture est de vous ou de quelqu'un du bord ?

— Non.

Chacun est prié d'écrire la même phrase, et mille écritures ne ressemblent à celle de l'ardoise.

— Et bien, obéissons au sens de ces mots ; gouvernez le navire au nord-ouest ; le vent est bon et permet de tenter l'expérience.

Trois heures après, la vigie signalait une montagne de glace et voyait y attenant un vaisseau de Québec, démantelé, couvert de monde, cinglant vers Liverpool, et dont les passagers furent amenés par les chaloupes du bâtiment de Bruce.

Au moment où l'un de ses hommes gravissait le flanc du vaisseau libérateur, Bruce tressaillit et recula, fortement ému. C'était l'étranger qu'il avait vu traçant les mots de l'ardoise. Il raconte à son capitaine le nouvel incident.

— Veuillez écrire *Steer to the north-west* sur cette ardoise, dit au nouveau venu le capitaine, lui présentant le côté que ne recouvre aucune écriture.

L'étranger trace les mots demandés.

— Bien ; vous reconnaissez là votre main courante, dit le capitaine, frappé de l'identité des écritures.

— Mais vous m'avez vu vous-même écrire ? Vous serait-il possible d'en douter ?

Pour toute réponse, le capitaine retourne l'ardoise, et l'étranger reste confondu voyant des deux côtés sa propre écriture.

— Auriez-vous rêvé que vous écriviez sur cette ardoise, dit à celui qui vient d'écrire, le capitaine du vaisseau naufragé.

— Non, du moins je n'en ai nul souvenir.

— Mais que faisait à midi ce passager ? demande à son confrère le capitaine sauveur.

— Etant très fatigué, ce passager s'endormit profondément, et autant qu'il m'en souvient, ce fut quelque temps avant midi. Une heure au plus après, il s'éveilla et me dit : « Capitaine, nous serons sauvés aujourd'hui même ! » ajoutant : « J'ai rêvé que j'étais à bord d'un vaisseau et qu'il venait à notre secours. » Il dépeignit le bâtiment et son gréement ; et ce fut à notre grande surprise, lorsque vous cinglâtes vers nous, que nous reconnûmes l'exactitude de sa description. Enfin, ce passager dit à son tour : « Ce qui me semble étrange, c'est que ce que je vois ici me paraît familier, et cependant je n'y suis jamais venu ! »

Je ferai une remarque sur cette étrange aventure.

Dans les apparitions qui eurent lieu, l'une à Rio-Janeiro, l'autre dans le navire qui revenait des Indes, la femme alsacienne, ainsi que le père du capitaine du navire, se rappelèrent parfaitement, en sortant de leur léthargie, le voyage qu'ils venaient d'accomplir, et en racontèrent les diverses particularités aux personnes de leur entourage. Ici nous voyons le passager annoncer au capitaine du navire en détresse qu'un autre bâtiment vient à leur secours, mais il n'a nullement conscience de l'avis qu'il a transcrit sur l'ardoise du capitaine du navire qui doit les sauver. Quand il se trouve à bord de ce bâtiment, il lui semble le reconnaître, et cependant il avoue qu'il ne l'a jamais visité. Il n'a que des réminiscences incomplètes ou confuses sur ce qui s'est passé pendant son dédoublement. On dirait qu'il y a eu des solutions de continuité dans son rêve. Cela n'offre rien de surprenant. Les phénomènes de dédoublement présentent, ainsi qu'on le verra dans la suite de ce livre, toutes les nuances depuis l'apparition complète et vivante de la forme humaine jusqu'aux simples rêves. Ces manifestations diverses dépendent évidemment du degré d'énergie morale de l'individu, de la tension de son esprit vers un but déterminé, de sa constitution physique, de son âge, probablement aussi d'autres causes que nous ignorons. Il en est de même du souvenir de ce qui se passe pendant le dédoublement. Certaines personnes se rappellent de la manière la plus exacte tout ce qu'elles ont fait, vu ou entendu. Chez quelques-unes on n'aperçoit que des réminiscences vagues et entrecoupées de points obscurs ; d'autres n'ont aucune conscience du rôle quelles ont joué pendant leur sommeil léthargique. Tel est le cas des somnambules, sur lesquelles j'aurai bientôt occasion de revenir.

Ouvrons maintenant le livre d'un homme dont le nom fait autorité dans tout ce qui touche à l'emploi rationnel du magnétisme, Dupotet (1).

Voici ce qu'on lit à la page 549 de son livre :

« Le fait suivant est bien attesté et peut être rangé parmi les phénomènes les plus difficiles à expliquer dans l'ordre du spiritisme. Il a été publié dans le manuel *Pocket Book* des amis de la religion, pour 1814, par Jung Stilling, auquel il a été rapporté comme une expérience personnelle par le baron de Sulza, chambellan du roi de Suède. Ce baron raconte qu'ayant été rendre une visite à un voisin, il revint chez lui vers minuit, heure à laquelle, en été, il fait assez clair en Suède pour qu'on puisse lire l'impression la plus fine. « Comme j'arrivai, dit-il, dans mon domaine, mon père vint à ma rencontre devant l'entrée du parc; il était vêtu comme d'habi-

---

(1) *Cours de Magnétisme animal*, en douze leçons.

tude, et il tenait à la main une canne que mon frère avait sculptée. Je le saluai, et nous conversâmes longtemps ensemble. Nous arrivâmes ainsi jusqu'à la maison et à l'entrée de sa chambre. En y entrant je vis mon père désabillé, couché dans son lit et profondément endormi ; au même instant l'apparition s'était évanouie. Peu de temps après, mon père s'éveilla et me regarda d'un air d'interrogation. « Mon cher Édouard, me dit-il, Dieu soit béni de ce que je te vois encore sain et sauf, car j'ai été bien tourmenté, à cause de toi, dans mon rêve ; il me semblait que tu étais tombé dans l'eau, et que tu étais en danger de te noyer. » Or, ce jour-là, ajoute le baron, j'étais allé avec un de mes amis à la rivière pour pêcher des crabes, et je faillis être entraîné par le courant. Je racontai à mon père que j'avais vu son apparition à l'entrée du domaine, et que nous avions eu ensemble une longue conversation. Il me répondit qu'il arrivait souvent des faits semblables. »

Un fait des plus piquants et en même temps des plus invraisemblables se présente ici. Le fantôme humain parle, et entretient une conversation assez longue. Dans les exemples qui précèdent les apparitions sont muettes. Rien de plus naturel. Il faut un organe spécial pour produire la parole, et une force intérieure qui mette cet appareil en mouvement. En admettant que le fantôme reproduise le calque à l'intérieur aussi bien qu'à l'extérieur du

3.

mécanisme humain, d'où tirerait-il le souffle qui met en jeu la machine phonétique ? Si le passager du navire en détresse, dont nous venons de parler, avait pu prendre la parole, il est probable qu'au lieu d'écrire sur une ardoise l'avis qui devait le sauver lui et ses compagnons, il l'aurait transmis directement et de vive voix au lieutenant Bruce, qui se trouvait devant lui dans la chambre du capitaine. Devons-nous donc regarder comme absurde et complètement impossible l'aventure attribuée au père du chambellan du roi de Suède? Nullement, car elle se trouve confirmée par une foule d'autres histoires analogues, dont je citerai quelques-unes. Disons seulement, pour expliquer la contradiction qui existe entre les deux apparitions dont je viens de parler, que le fantôme humain ne cesse jamais d'être en relation avec le corps qu'il vient de quitter par une sorte de communication fluidique, qui les relie l'un à l'autre. C'est dans ce dernier qu'il puise toute la force vive nécessaire à ses diverses évolutions. Inutile d'ajouter que cette force a son maximum au point de départ, qu'elle s'affaiblit avec la distance, et finit par devenir nulle lorsque cette distance dépasse certaines limites. Le fantôme du père du chambellan n'ayant pas franchi l'enceinte du parc, était, par conséquent, à peu de distance du château où se trouvait le corps d'où il tirait sa puissance d'action, et pouvait dès lors se manifester par la parole, tandis qu'il en était tout autrement du fantôme du passager qui avait eu à parcourir, pour arriver dans la chambre du capitaine, une distance de plusieurs lieues. Citons un autre fait d'apparition qui parle, emprunté au même auteur.

Stilling donne des détails intéressants sur un homme qui vivait en 1740, qui menait une vie très retirée, avait des habitudes étranges et demeurait dans le voisinage de Philadelphie, aux Etats-Unis. Cet homme passait pour posséder des secrets extraordinaires et pour être capable de découvrir les choses les plus cachées. Parmi les preuves les plus remarquables qu'il a données de son pouvoir, celle qui suit est regardée par Stilling comme bien constatée :

Un capitaine de navire était parti pour un long voyage en Europe et en Afrique ; sa femme, qui n'avait pas reçu de ses nouvelles depuis longtemps, étant très inquiète de son sort, reçut le conseil de s'adresser à ce devin ; il la pria de l'excuser pendant qu'il allait chercher les renseignements qu'elle désirait. Il passa dans une chambre voisine, et elle s'assit en l'attendant. Comme son absence se prolongeait, elle s'impatienta et crut qu'il l'avait oubliée ; elle s'approcha doucement de la porte, regarda à travers une fente, et fut étonnée de le voir couché sur un sofa, sans aucun mouvement, comme s'il était mort. Elle ne crut pas devoir le troubler, mais elle attendit son retour. Il lui dit que son mari avait été dans l'impossibilité d'écrire pour telles ou telles raisons, qu'il était en ce moment dans un café de Londres, et qu'il serait bientôt de retour chez lui. Le retour du mari eut lieu conformément à ce qui avait été ainsi annoncé, et la femme lui ayant demandé les motifs de son silence si longtemps prolongé, il allégua, précisément, les raisons qu'avait données le devin. La femme eut un grand désir de vérifier le surplus de ces indications. Elle eut pleine satisfaction à cet égard, car son mari n'eut pas plutôt jeté les yeux sur le magicien, qu'il le reconnut pour l'avoir vu, un certain jour, dans un café de Londres, où cet homme lui avait dit que sa femme était très inquiète de lui ; à quoi le capitaine avait répondu en expliquant pourquoi il avait été empêché d'écrire, et avait ajouté qu'il était à la veille de s'embarquer pour l'Amérique. Le capitaine avait ensuite perdu de vue cet étranger, qui s'était confondu dans la foule, et n'en avait plus entendu parler.

Voilà encore un fantôme qui parle, et cette fois à plusieurs centaines de lieues du point de départ, car il lui a fallu traverser l'Atlantique pour se rendre des environs de Philadelphie dans un café de Londres. L'explication que nous avons donnée de ce phénomène à la page précédente n'est plus admissible ici. Il est, en effet, difficile de croire que la doublure du devin puisât la force qui lui était nécessaire pour ces manifestations phonétiques dans le corps avec lequel elle était en communication. La distance qui séparait le fantôme de son centre d'action semble trop grande. Une nouvelle explication devient nécessaire. Nous la trouvons dans un fait d'expérience bien connu de tous ceux qui s'occupent, à un titre quelconque, de l'étude de l'homme considéré au point de vue de ces manifestations fluidiques. C'est que tout fantôme puise sa force, non seulement dans le corps d'où il procède, mais encore dans celui des personnes dont la constitution physique ou morale se rapproche de la sienne, ou qui, par leur nature, présentent une tendance marquée vers ce qu'on est convenu d'appeler les phénomènes du spiritisme. La voyante de Prévorst, sur laquelle j'aurai plusieurs fois occasion de revenir, possédait cette faculté au plus haut degré. Elle sentait qu'elle se nourrissait des émanations de ceux qui venaient la voir. Les personnes de sa famille étaient celles qui se prêtaient le plus, à raison de la conformité de leur constitution, à cette sorte de vampirisme, et elles se sentaient affaiblies lorsqu'elles avaient passé quelques moments auprès d'elle. C'est donc dans le corps du capitaine du navire ou dans celui d'une des personnes qui se trouvaient dans la même salle que le fantôme du devin s'alimentait de force vive, et suppléait ainsi à l'insuffisance de celle qui lui arrivait de Philadelphie.

Ce n'est pas toutefois dans le dialogue du fantôme qu'il faut voir le trait le plus curieux de cette histoire. Ce qui frappe le plus, à mon avis, c'est la facilité avec laquelle le devin tombe en léthargie pour entreprendre son voyage d'exploration. Jusqu'ici, nous avons vu les apparitions se produire d'une façon en quelque sorte inconsciente, à la suite d'un sommeil plus ou moins léthargique, mais naturel. Dans le cas qui nous occupe, le patient sait qu'il va se dédoubler, et, afin d'accomplir son œuvre, il s'enferme dans sa chambre, s'allonge sur un sofa et s'endort, ou plutôt tombe en syncope, car il ne s'agit pas ici d'un sommeil ordinaire. Des êtres privilégiés, c'est-à-dire présentant, par certains côtés physiologiques, une organisation d'une délicatesse extrême, produisent des effets surprenants, qui semblent autant de phénomènes inexplicables, et qui ne sont en réalité que le développement exagéré d'un principe inhérent à notre nature et commun à tous les hommes. Ces personnalités sont rares, on ne les voit surgir qu'à certaines époques. Dans l'antiquité, c'était Moïse, Apollonius de Tyane, Simon le Mage, puis ce fut Merlin l'enchanteur et les thaumaturges des premiers siècles du christianisme. De nos jours, nous avons eu Svedemborg, Cagliostro et la voyante de Prévorst. Le devin de Philadelphie appartenait à cette pléiade.

Si l'on est surpris de voir un organe vocal dans

le fantôme humain, on l'est bien davantage en apprenant qu'il possède aussi un appareil digestif. Un verre d'eau, par exemple, peut être avalé par l'image fluidique d'une personne, et passer à l'instant dans le corps de cette personne. Je pourrais citer plusieurs exemples de ce genre, empruntés à divers auteurs; mais devant consacrer un chapitre spécial aux ogreries de l'homme posthume, je n'entrerai ici dans aucun détail à ce sujet. J'ajouterai seulement que cet appareil ne peut être que le calque gazéiforme de celui qui existe dans le corps, et qu'il est relié à ce dernier par un réseau de capillaires invisibles. Cette supposition est, il est vrai, contraire à toutes les lois de la physique. On ne s'explique pas comment un récipient aériforme peut recevoir, sans se rompre, un liquide aussi lourd que l'eau, et chose plus extraordinaire encore, comment ce liquide passe dans un autre récipient placé à distance, et n'ayant avec le premier aucune communication apparente. Il faut bien le dire, et j'aurai plusieurs fois occasion de le répéter, le monde fluidique obéit, dans certaines de ces manifestations, à des lois encore inconnues, et qui paraissent se rattacher, du moins en partie, au problème si obscur de la raréfaction de la matière. Il ne serait pas impossible cependant de trouver des analogies dans le monde physique (1); rappelons seulement ce principe

---

(1) La nature nous offre divers phénomènes qui ne sont pas

de philosophie naturelle bien connu de tous ceux qui s'adonnent à l'étude des sciences : Il n'est pas de solution de continuité dans la nature. L'enfant qui sort du sein de sa mère, lui est rattaché par un système vasculaire qui lui apportait la force et la vie. Il en est de même dans le dédoublement, le fantôme humain ne cesse jamais d'être en relation immédiate avec le corps, dont il s'est éloigné pour quelques instants. Des liens invisibles et de nature vasculaire unissent si étroitement les deux extrémités de la chaîne, que tout accident survenu à l'un des deux

sans analogie avec celui que je viens de décrire. Telles sont les trombes marines. Les navigateurs qui se trouvent à portée d'observation voient la partie inférieure d'un nuage s'allonger en forme de tube conique qui se dirige vers la mer. Au moment où son extrémité va atteindre la surface de l'eau, celle-ci, s'élançant en colonne, pénètre dans l'intérieur du tube et monte jusqu'au nuage qui gonfle et noircit de plus en plus. Souvent on aperçoit, à travers les parois transparentes du tube, l'eau s'élever en tournoyant à la façon des spires d'une hélice. Quand le nuage est saturé de liquide, ou plutôt lorsque les électricités de nom contraire qui ont produit cette attraction entre la mer et le météore, sont neutralisées, le t... aspirateur se rompt, et la nuée se résout en pluie. Si on réfléchit que les parois du tube sont d'une fluidité extrême, et que néanmoins elles résistent contre toute attente à la pression giratoire de la colonne ascensionnelle, on se convaincra aisément que ce phénomène est non moins extraordinaire que le passage d'un verre d'eau dans les organes digestifs d'un fantôme de nature fluidiforme, ou que la présence du sang dans son appareil circulatoire, circonstance qui va se produire aux exemples suivants.

pôles se répercute à l'instant sur l'autre. Les faits que je vais raconter feront mieux comprendre. Le premier est emprunté par Des Mousseaux aux archives judiciaires de l'Angleterre :

« Un jeune fils de Henri Jones, le petit Richard, fut un jour touché par une femme du nom de Jeanne Brooks. Passant ses doigts de haut en bas de l'un des côtés de l'enfant, Jeanne, après lui avoir amicalement serré la main, lui fit présent d'une pomme. Il s'empressa de la cuire et de la manger. A l'instant même, il tomba malade, et le mal devint menaçant. Or, un certain dimanche que l'enfant, tourmenté du mal étrange qui s'était emparé de son corps, était gardé par son père et par un témoin du nom de Gilson, il se mit à crier tout à coup, vers midi :

« — Voilà Jeanne Brooks!

« — Mais où donc?

« — Là, sur le mur; la voyez-vous? au bout de mon doigt. »

Car cette sorcière, ainsi que celle qui va figurer dans la narration suivante, semblait entrer dans l'appartement, de même qu'elle paraissait en sortir, en passant à travers la muraille! Personne, il faut bien le dire, ne distinguait ce que le petit Richard prétendait voir. Il avait donc la fièvre! Il rêvait! Gilson, néanmoins, s'élançant sur la place indiquée par l'enfant, y porta vivement un coup de couteau. « O mon père! Gilson a fait une entaille à la main de Jeanne; elle est tout en sang. » Que croire et que faire? En deux pas, en un clin d'œil, le père de Richard et Gilson sont à la porte du constable. Le constable est un de ces hommes assez rares, et dont nos Académies auraient le plus grand intérêt à se recruter, qui savent prêter l'oreille aux gens de sens rassis, quelque bizarre et singulière que leur parole puisse sembler être. Il leur prête donc une oreille vraiment magistrale, c'est-à-dire qu'aucune prévention n'obstrue; et, sur-le-champ, il les accompagne au domicile de l'accusée. On s'y introduit brusquement. Jeanne, assise sur son tabouret, tient une de ses mains posée sur l'autre.

« — Comment vous en va, la mère? lui dit le constable.

« — Mais pas trop bien, monsieur.

« — Et pourquoi donc l'une de vos mains est si fort occupée de couvrir l'autre?

« — Oh! c'est là ma pose.

« — Souffrez-vous de cette main, par hasard?

« — Mais non, nullement.

« — Vous y avez quelque mal à coup sûr; laissez-moi donc y regarder?

« Et comme la vieille s'en défendait, le constable la tirant avec vivacité, découvre cette main toute ensanglantée. On la voit telle que l'enfant vient de la décrire.

« — C'est une grande épingle de toilette qui m'a si terriblement déchirée, s'écria la vieille.....

« Mais il fut avéré, d'ailleurs, qu'une foule de semblables méfaits, commis par cette misérable, s'étaient passés sous l'œil de nombreux témoins. Jeanne, traduite aux assises de Charde, y fut condamnée le 26 mars 1658, et ce fut l'époque où cessèrent les molestations éprouvées par le petit Richard..... MM. Rob, Hunt et John Cary, juges de paix, devant lesquels Jeanne avait comparu, affirmèrent avoir vu de leurs yeux une partie des phénomènes sur lesquels l'accusation prenait sa base. Et l'on sait quelle est, en Angleterre, la haute position de ces magistrats. Il va sans dire que tous les témoins avaient déposé sous la foi du serment. C'était alors quelque chose. »

On ne peut se méprendre sur l'origine de la blessure que cachait la sorcière. Cette blessure avait été aperçue par le petit Richard sur la main du fantôme, au moment où le coup de couteau venait d'être porté, et elle fut retrouvée aussitôt après par le constable sur la main de Jeanne, dans le domicile de cette dernière. L'enfant avait vu non seulement la blessure, mais encore le sang qui avait jailli. La communication directe du corps et de son fantôme est établie ici d'une manière officielle et irrécusable. Elle implique dans le fantôme l'existence d'un système artériel et veineux, système qui n'est en réalité que le calque fluidique de celui qui se trouve dans le corps. On peut se demander si le sang que le petit Richard vit sortir de la blessure du fantôme était réellement du sang artériel ou seulement son image. L'histoire suivante va nous répondre. Je l'emprunte au même auteur, qui l'a exhumée, comme la précédente, des archives judiciaires de l'Angleterre :

« Une autre femme, du nom de Julianne Cox, atteignait sa soixante-dixième année ; et comme elle frappait, un certain jour, en mendiant, à la porte d'une maison, une servante qui la reçut lui fit un disgracieux accueil. « Bien, bien, mon enfant ! Très « bien ; avant ce soir tu te repentiras ! » Et la nuit survenait à peine que la servante se tordait dans les plus affreuses convulsions. Aussitôt qu'elle se sentit remise, elle appela de tous cris au secours, implorant avec instance les gens de la maison. « Voyez, voyez « cette vilaine mendiante qui me poursuit !... » Et de son doigt tendu, la pauvre servante prétendait montrer la maudite vieille que nul autre œil que le sien ne parvenait à découvrir !... « Elle est donc hal« lucinée, maniaque, hystérique, quoi de plus clair ! « Qu'elle nous laisse en paix ! » voilà ce que répétaient autour d'elle, dans la cuisine, les philosophes en jupons qui l'entouraient, et les molestations de suivre leur cours. Mais un beau matin notre servante, parfaitement certaine de voir revenir à la charge sa persécutrice, conçoit la pensée de s'armer d'un coutelas. Le fantôme de Julianne Cox ne tarde guère, en effet, à renouveler sa visite; saisissant aussitôt son coutelas, elle en frappe à l'improviste son ennemie, et devant les témoins qui voient briller cette lame, son lit se trouve à l'instant même arrosé de sang. C'est à la jambe que le fantôme a reçu le coup. « Allons-y voir, allons-y voir », s'écrie-t-elle; et sur-le-champ elle se dirige, bien accompagnée, vers la maison de Julianne. Il s'agit de vérifier la blessure. » On arrive, on frappe à la porte, mais on frapperait longtemps si l'on n'eût pris le parti de l'enfoncer. On pénètre donc chez Julianne de vive force. Vite, vite, que dit la jambe? La jambe tout fraîchement blessée vient, il y a quelques minutes à peine, de recevoir un pansement. Et les lèvres d'une plaie ont souvent un indiscret et terrible langage! On en approche donc le coutelas de la servante. Que dire? La blessure s'adapte aussi exactement qu'elle doit le faire aux dimensions de cette lame. Le coup porté contre le spectre de la mendiante, dans une maison où tant de bons yeux, qui pouvaient la voir, ne la voyaient point, s'est donc répercuté sur cette même femme dans un lieu qui n'est pas celui de l'apparition. Cependant, les choses se sont passées de telle sorte que la blessure, qui semble avoir rebondi de son fantôme sur sa personne, est visible et palpable pour tout le monde. Les obsessions auxquelles était en butte la pauvre servante ne cessèrent néanmoins que le jour de l'arrestation de Julianne Cox, qui fut jugée et condamnée.

Ici, on ne se contente pas de voir la blessure faite à la jambe du fantôme par le coutelas, le lit sur lequel se passe la scène est à l'instant arrosé de sang. Plusieurs personnes sont témoins de ce prodige. Il peut y avoir quelque exagération dans les termes, et le sang, au lieu d'arroser le lit, peut se réduire à quelques gouttes. Mais peu importe la quantité du liquide répandu, on l'a vu jaillir à l'instant même où le coup a été porté; c'est ce fait qu'il suffit de constater. Le doute n'est plus possible, le fantôme possède un appareil circulatoire aussi bien que le corps dont il est l'image. Des capillaires invisibles les unissent l'un à l'autre, et l'ensemble forme un système si homogène, si étroitement uni que la plus légère piqûre que reçoit le fantôme se répercute, à l'instant, sur tout l'appareil vasculaire, jusqu'à l'extrémité de la chaîne, et le sang jaillit aussitôt. On s'explique ainsi l'aversion instinctive que les fantômes montrent à l'égard des armes à feu, des épées, et en général des instruments tranchants de toute sorte. C'est le plus sûr moyen de les faire fuir, à moins, toutefois, que se sentant les plus forts, ils ne cherchent à désarmer leurs adversaires. J'aurai plus loin occasion de revenir sur ce sujet et de citer quelques exemples. Le fait était connu dans l'antiquité, et tous les auteurs qui se sont occupés de spiritisme ou de démonologie, désignation qui, d'après nous, ne peut s'appliquer qu'aux fantômes vivants ou posthumes, sont unanimes à le constater.

Nous avons vu que le fantôme humain peut parler lorsqu'il n'est pas trop éloigné de son point de départ. D'autres fois on le voit remuer les lèvres, sans qu'on entende articuler des sons. Tel est le fait suivant, rapporté par Gœrres :

« Marie, femme de Joseph Goffe, de Rochester, est attaquée d'une maladie de langueur, et conduite à Wesmulling, à neuf milles de sa demeure, dans la maison de son père, où elle mourut le 4 juin 1691. La veille de sa mort elle ressent un grand désir de voir ses deux enfants, qu'elle a laissés chez elle aux soins d'une bonne. Elle prie donc son mari de louer un cheval, pour qu'elle puisse aller à Rochester, et mourir près de ses enfants. On lui fit observer qu'elle n'est pas en état de quitter son lit et de monter à cheval. Elle persiste et dit qu'elle veut au moins essayer. « Si je ne puis me tenir, dit-elle, je me « coucherai tout de long sur le cheval ; car je veux « voir mes chers petits. » Un ecclésiastique vient la voir encore, vers deux heures du soir. Elle se montre parfaitement résignée à mourir, et pleine de confiance dans la miséricorde divine. « Toute ma « peine, dit-elle, c'est de ne plus voir mes enfants. »

Entre une et deux heures du matin, elle eut comme une extase. D'après le rapport de la veuve Turnes, qui veillait près d'elle pendant la nuit, ses yeux étaient fixes et sa bouche fermée. La garde approcha les mains de sa bouche et de ses narines, et ne sentit aucun souffle, elle crut donc que la malade était évanouie, et ne savait trop si elle était morte ou vivante. Lorsqu'elle revint à elle, elle raconta à sa mère qu'elle était allée à Rochester et qu'elle avait vu ses enfants. « C'est impossible, dit la mère : vous « n'êtes pas sortie tout ce temps de votre lit. — Eh « bien, dit l'autre, je suis pourtant allée voir mes « enfants cette nuit pendant mon sommeil. » La veuve Alexandre, bonne des enfants, affirma de son côté que le matin, un peu avant deux heures, elle avait vu Marie Goffe sortir de la chambre voisine de la sienne, où l'un des enfants dormait seul, la porte ouverte, et venir dans la sienne; qu'elle était restée environ un quart d'heure près du lit où elle était couchée avec l'enfant le plus petit. Ses yeux remuaient et ses lèvres semblaient parler; mais elle ne disait rien. La bonne se montra prête à confirmer par serment devant les supérieurs tout ce qu'elle avait à dire et à recevoir ensuite les sacrements. — Elle ajouta qu'elle était parfaitement éveillée, et qu'il commençait déjà à faire jour, car c'était un des plus longs de l'année. Elle s'était assise sur son lit, avait regardé et observé attentivement l'apparition, et avait entendu sonner deux heures à la cloche qui était sur le pont. Au bout de quelques instants, elle avait dit : Au nom du Père, du Fils et du Saint-Esprit, qui es-tu ? A ces mots, l'apparition s'était évanouie.

« La bonne jeta vite sur elle ses vêtements pour suivre le fantôme, mais elle ne put découvrir ce qu'il était devenu. C'est alors qu'elle commença à être saisie d'un certain effroi. Elle sortit de la maison, qui était située sur le quai, se promena quelques heures en allant voir les enfants de temps en temps. Vers cinq heures du matin, elle frappa à la porte de la maison voisine, mais on ne lui ouvrit qu'une heure plus tard, et elle raconta ce qui s'était passé. On lui dit qu'elle avait rêvé ; mais elle répondit : Je l'ai vue cette nuit aussi clairement que j'ai vu jamais dans toute ma vie. Une des personnes qui l'entendait parler ainsi, Marie de J. Livcet, apprit le matin que Mme Goffe était à la dernière extrémité et qu'elle voulait lui parler. Elle alla donc à Mulling le même jour, et la trouva mourante. La mère de la malade lui raconta, entre autre choses, que sa fille avait beaucoup désiré voir ses enfants, et qu'elle prétendait même les avoir vus. Marie se rappela les paroles de la bonne, car jusque-là elle n'en avait point parlé, croyant qu'il y avait eu illusion de sa part. Tilson, curé d'Ayleswarth-Maidstone, qui a publié ce fait, l'apprit d'une manière détaillée, le jour de la sépulture de J. Carpenter, père de Mme Goffe. Le 2 juillet, il fit une enquête très exacte auprès de la bonne et des deux voisins qu'elle était allée trouver le matin. Le lendemain, la chose lui fut confirmée par la mère de Mme Goffe, par l'ecclésiastique qui était venu la voir le soir, et par la garde qui l'avait veillée la nuit; tous furent unanimes dans leur témoignage, tous étaient des personnes intelligentes, calmes, incapables de tromper, et qui, d'ailleurs, n'avaient aucun intérêt à le faire. Ce fait réunit donc toutes les conditions qui peuvent le rendre incontestable. »

D'après le témoignage de la bonne qui vit le fantôme de Marie Goffe, ses lèvres remuaient ainsi que ses yeux, et paraissaient parler, mais n'articulaient aucun son. Il est permis de conjecturer que ce mutisme était dû à une certaine impuissance physique; mais quelle cause invoquer ? La distance qui séparait la malade du lieu de l'apparition n'étant que de quelques milles, on ne peut prétexter ici l'éloignement. D'un autre côté, les mouvements des yeux et des lèvres accusaient, de la part de la mère, le désir manifeste de dire le dernier adieu aux êtres chéris qu'elle allait quitter pour toujours. Cependant, le fantôme avait appelé à lui toutes les forces vives qui animaient encore la mourante. La garde-malade qui la veillait l'atteste d'une manière précise, quand elle nous dit qu'au moment de la vision Marie Goffe était comme en extase, les yeux fixes, la bouche fermée, sans aucune trace de respiration, si bien qu'elle se demandait si elle n'avait plus devant elle qu'un corps sans vie. Il est à présumer que l'impuissance phonétique de l'image était le reflet de l'épuisement de la mourante.

Les faits que je viens de citer et d'analyser sont, ce me semble, assez nombreux et assez concluants pour constater l'existence du fantôme humain et pour nous édifier sur sa constitution intime. Je pourrai multiplier les citations, mais je les crois inutiles. Cependant, j'emprunterai encore à Des Mousseaux le récit suivant qui, à certains égards, complète et résume ce que j'ai dit à ce sujet :

« Sir Robert Dale-Owen était ambassadeur de la république des Etats-Unis à Naples. En 1845, raconte ce diplomate, existait en Livonie le pensionnat de Neuwelke, à douze lieues de Riga et une demi-lieue de Wolmar. Là se trouvaient quarante-deux pensionnaires, la plupart de familles nobles, et parmi les sous-maîtresses figurait Emilie Sagée, Française d'origine, âgée de trente-deux ans, de bonne santé, mais nerveuse, et de conduite méritant tous les éloges. Peu de semaines après son arrivée on remarqua que quand une pensionnaire disait l'avoir vue dans un endroit, souvent une autre affirmait qu'elle était à une place différente. Un jour les jeunes filles virent tout à coup deux Emilie

Sagée exactement semblables et faisant les mêmes gestes ; l'une cependant tenait à la main un crayon de craie et l'autre rien. Peu de temps après, Antoinette de Wrangel faisant sa toilette, Emilie lui agrafa sa robe par derrière ; la jeune fille vit dans un miroir, en se retournant, deux Emilie agrafant ses vêtements, et s'évanouit de peur. Quelques fois aux repas la double figure paraissait debout, derrière la chaise de la sous-maîtresse et imitant les mouvements qu'elle faisait pour manger ; mais les mains ne tenaient ni couteaux ni fourchette. Cependant, la substance dédoublée ne semblait imiter qu'accidentellement la personne réelle, et quelquefois, lorsque Emilie se levait de sa chaise, l'être dédoublée paraissait y être assis. Une fois, Emilie étant souffrante et alitée, Mlle de Wrangel lui faisait la lecture. Tout à coup la sous-maîtresse devint raide, pâle, et parut près de s'évanouir. La jeune élève lui demanda si elle se trouvait plus mal ; elle répondit négativement, mais d'une voix faible. Quelques secondes après, Mlle de Wrangel vit très distinctement la double Emilie se promener çà et là dans l'appartement.

« Mais voici le plus remarquable exemple de bicorporéité que l'on ait observé chez la merveilleuse sous-maîtresse : Un jour, les quarante-deux pensionnaires brodaient dans une même salle au rez-de-chaussée, et quatre portes vitrées de cette salle donnaient sur le jardin. Elles voyaient dans ce jardin Émilie cueillant des fleurs, lorsque tout à coup sa figure paraît installée dans un fauteuil devenu vacant. Les pensionnaires regardèrent immédiatement dans le jardin, et continuèrent d'y voir Émilie ; mais elles observèrent la lenteur de sa locomotion et son air de souffrance ; elle était comme assoupie et épuisée... Deux des plus hardies s'approchèrent du double, et essayèrent de le toucher ; elles sentirent une légère résistance, qu'elles comparèrent à celle de quelque objet en mousseline ou en crêpe. L'une d'elles passa au travers d'une partie de la figure ; et après que la pensionnaire eut passé, l'apparence resta la même quelques instants encore, puis disparut enfin, mais graduellement... Ce phénomène se reproduisit de différentes manières aussi longtemps qu'Émilie occupa son emploi, c'est-à-dire en 1845 et 1846, pendant le laps d'une année et demie ; mais il y eut des intermittences d'une à plusieurs semaines. On remarqua d'ailleurs que plus le double était distinct et d'une apparence matérielle, plus la personne réellement matérielle était gênée, souffrante et languissante ; lorsque, au contraire, l'apparence du double s'affaiblissait, on voyait la patiente reprendre ses forces. Émilie, du reste, n'avait aucune conscience de ce dédoublement, et ne l'apprenait que par ouï-dire, jamais elle n'a vu ce double, jamais elle n'a soupçonné l'état dans lequel il la jetait… Ce phénomène ayant inquiété les parents, ceux-ci appelèrent leur enfant, et l'institution s'écroula »

Je n'analyserai pas, ainsi que je l'ai fait dans les exemples précédents, les diverses particularités de cette curieuse histoire. Les faits parlent assez par eux-mêmes ; tout commentaire serait superflu. Cependant, je relèverai deux ou trois points qui méritent plus spécialement de fixer l'attention et qui achèvent de nous éclairer sur la nature de l'être fluide qui semble constituer en nous une seconde personnalité.

Dans presque toutes les histoires de dédoublement que nous avons vues se dérouler jusqu'ici, celui qui en était l'objet se trouvait dans son lit, immobile et plongé dans le sommeil ou la léthargie. Il en est de même de la plupart des autres faits analogues, que je passe sous silence ou que j'aurai occasion de citer dans les chapitres suivants. De là cette conclusion toute naturelle, qu'un sommeil léthargique est la première condition à remplir, pour produire le phénomène du dédoublement. Chez la sous-maîtresse de Riga, nous voyons ce dédoublement se manifester à toute heure du jour sans cause apparente, et dans les circonstances les plus diverses. Ce fait remarquable doit être attribué à la nature de la sous-maîtresse, qu'on nous dit être d'une organisation très nerveuse. Du reste, cette exception n'est pas la seule, nous en rencontrerons d'autres dans le cours de ce livre.

La résistance que l'image de la sous-maîtresse offrait aux pensionnaires qui essayèrent de la toucher, est un autre fait important à noter. Cette résistance fut comparée à celle que l'on éprouve quand on presse une gaze. Une telle indication confirme ce que nous a révélé l'analyse du fantôme humain au point de vue de sa constitution physique. Ce n'est pas une image purement optique de notre forme extérieure, c'est un calque complet de toutes les parties constitutives de notre organisme, et ce calque, loin d'être une chose idéale, est composé de molécules matérielles. J'ai désigné le fantôme ainsi produit par le mot *fluide*, pour rappeler que les atomes qui le constituent sont empruntés aux molécules les plus ténus du corps humain. Mais comment concilier la résistance qu'offrent ces molécules matérielles, avec la ténuité extrême qu'il faut attribuer au fantôme pour qu'il puisse pénétrer à travers les murs et les portes fermées, car nous l'avons vu entrer dans les appartements les mieux barricadés ? Ce phénomène s'explique. On sait que l'hydrogène, le plus léger des gaz, passe à travers certains métaux. On se rappelle aussi la célèbre expérience des académiciens de Florence, qui, ayant rempli d'eau une sphère creuse d'or, virent des gouttelettes liquides apparaître à la surface, après qu'ils l'eurent soumise à une certaine pression. Quelque épais que soit un mur, il peut être facilement traversé par des atomes gazeux, à raison des nombreux pores qui, dans tous les corps, séparent les molécules de la matière même la plus dense. Du reste, la manière dont apparaissait et disparaissait le fantôme de la sous-maîtresse de Riga, nous donne la solution du problème ; son image se produisait non tout à coup, mais par degrés insensibles. D'apparence très fluide au début, ce n'était qu'au bout de quelques instants qu'elle offrait toute sa consistance. Il en était de même quand elle s'évanouissait. C'est ainsi que procède tout fantôme qui traverse un mur ou une cloison. Il fait passer, pour ainsi dire, ces molécules une à une, ce qui lui devient facile, grâce à la nature élastique des éléments gazéiformes qui le constituent.

Un autre fait à remarquer est le changement qu'on observait dans l'attitude, les gestes, la physionomie de la sous-maîtresse, chaque fois que s'opérait son dédoublement. Les pensionnaires la voyaient se décolorer, ralentir ses mouvements, et perdre sa vigueur, à mesure que son image grandissait. Lorsque celle-ci avait atteint son complet développement, Emilie paraissait épuisée et dans un état complet de prostration. Cette torpeur rappelait le lourd et profond sommeil qui, presque toujours, semble le prélude obligé de tout dédoublement. Pour les naturalistes, rien de plus simple que l'explication de ce phénomène. C'est l'application d'un grand principe de physiologie animale et végétale, observé chaque jour dans la nature vivante, et connu sous le nom de loi de balancement organique. Toutes les fois qu'un organe grandit outre mesure, c'est aux dépens de ceux qui l'avoisinent; ceux-ci diminuent à mesure que le premier se développe; le fantôme d'Emilie grandissait aux dépens de son corps, en attirant à lui, par une sorte d'aspiration, ses éléments constitutifs. Ainsi se trouve confirmée l'existence d'un réseau de capillaires fluidiformes reliant le fantôme au corps d'où il émane. La ténuité extrême de ce réseau le rend invisible, comme l'est le fantôme lui-même au moment où il va se manifester, car on vient de lire qu'il ne devient visible que successivement, à mesure que ses molécules constitutives lui arrivent par les fils conducteurs.

Résumons ce chapitre. D'innombrables faits observés depuis l'antiquité jusqu'à nos jours démontrent dans notre être l'existence d'une seconde personnalité, l'homme interne. L'analyse de ces diverses manifestations nous a permis de pénétrer sa nature. A l'extérieur, c'est l'image exacte de la personne dont il est le complément. A l'intérieur il reproduit le calque de tous les organes qui constituent la charpente du corps humain. On le voit, en effet, se mouvoir, parler, prendre de la nourriture, remplir,

4.

en un mot, toutes les grandes fonctions de la vie animale. La ténuité extrême de ces molécules constitutives, qui représentent le dernier terme de la matière organique, lui permet de passer à travers les murs et les cloisons des appartements. De là le nom de fantôme par lequel il est généralement désigné. Néanmoins, comme il est relié au corps d'où il émane par un réseau vasculaire invisible, il peut, à volonté, attirer à lui, par une sorte d'aspiration, la plus grande partie des forces vives qui animent ce dernier. On voit alors, par une inversion singulière, la vie se retirer du corps qui ne présente plus qu'une rigidité cadavérique, et se porter tout entière sur le fantôme, qui prend de la consistance, au point de lutter quelquefois avec les personnes devant lesquelles il se manifeste. Ce n'est qu'exceptionnellement qu'il se montre du vivant des individus. Mais dès que la mort a rompu les liens qui le rattachent à notre organisme, il se sépare d'une manière définitive du corps humain, et constitue le fantôme posthume.

CHAPITRE III

Faits établissant l'existence de la personnalité fluidique chez les animaux et de l'animalité posthume. — Forme fluidique des végétaux. — Forme fluidique des corps bruts.

L'existence en nous d'une image vivante et fluidique reproduisant notre forme extérieure, ainsi que notre organisation interne, est-elle le privilège de l'espèce humaine, ou doit-elle être considérée comme un attribut de l'animalité ? Pour tout homme initié à l'étude de la philosophie naturelle, le doute n'est pas permis. Il répondra sans hésiter que l'animal humain n'étant qu'un rameau de l'arbre zoologique, tous ses caractères essentiels se retrouvent à divers degrés dans les autres branches. Cette considération théorique tirée de la grande loi des analogies qui forme une des principales bases de l'histoire naturelle, est confirmée expérimentalement par un grand nombre de faits. Je vais en citer quelques-uns :

Vers la fin de 1869, me trouvant à Bordeaux, je rencontrai un soir un de mes amis qui se rendait à une séance magnétique et qui me proposa de l'accompagner. J'acceptai son invitation, désireux de voir de près le magnétisme que je ne connaissais encore que de nom. Cette séance n'offrit rien de remarquable ; c'était la répétition de ce qui se passe dans les réunions de ce genre. Une jeune personne paraissant assez lucide faisait l'office de somnambule, et répondait aux questions qu'on lui adressait. Je fus cependant frappé d'un fait inattendu. Vers le milieu de la soirée, une des personnes présentes ayant aperçu une araignée sur le parquet l'écrasa du pied. « Tiens ! s'écria au même instant la somnambule, je vois l'esprit de l'araignée qui s'envole. » On sait que dans la langue des médiums, le mot *esprit* désigne ce que j'ai appelé le fantôme posthume.

« Quel est la forme de cet esprit ? demanda le magnétiseur. — Il a la forme de l'araignée », répondit la somniloque. Je ne savais à ce moment que penser de cette apparition. Je ne doutais nullement de la clairvoyance de la somnambule, mais ne croyant alors à aucune manifestation posthume de la part de l'homme, je ne pouvais en admettre pour les animaux. L'histoire de l'araignée ne me fut expliquée que quelques années plus tard, lorsque ayant acquis la certitude du dédoublement de la personnalité humaine, je songeai à chercher le même phénomène chez les animaux que nous connaissons le mieux, je veux dire chez les animaux domestiques. Après quelques recherches, je compris que la somnambule de Bordeaux n'avait pas été dupe d'une hallucination, comme cela arrive quelquefois chez les sujets magnétiques, et que sa vision était une réalité. Les faits qui suivent sont autrement concluants, car ils se rapportent à des gens éveillés et non à des personnes plongées dans le sommeil magnétique. Mais auparavant je dois établir chez les animaux l'existence du fantôme vivant qui nous acheminera vers le fantôme posthume. On connaît plusieurs exemples de dédoublement d'animaux domestiques. Le fait suivant, que j'emprunte à Mirville, est significatif. Comme il est un peu long et qu'il contient des détails inutiles pour notre sujet, je me contenterai d'en donner le résumé.

Le 18 avril 1705, M. Milanges de la Richardière, fils d'un avocat au Parlement de Paris, se promenant à cheval dans le village de Noisy-le-Grand, vit tout à coup sa monture s'arrêter sans qu'aucun obstacle apparent expliquât cette singularité. En même temps il aperçoit un berger à physionomie sinistre, armé d'une houlette et escorté de deux chiens noirs à courtes oreilles qui lui dit : « Monsieur, retournez chez vous, votre cheval n'avancera pas. » Le cavalier, qui d'abord avait ri des paroles du berger, vit bientôt que ce dernier disait vrai, car ni ses encouragements, ni ses éperons, ne purent faire avancer la bête, et il fut forcé de rebrousser chemin. Quelques jours après, étant tombé malade, on appela des médecins qui, après maintes tentatives infructueuses pour le guérir, déclarèrent que le mal qui tourmentait le jeune Milanges sortait du cadre des maladies ordinaires, et on commença à parler d'ensorcellement. Le jeune Milanges se rappela alors la scène du cheval et du berger, et la raconta à ses parents. Cependant on était encore dans le doute, lorsque le jeune homme, rentrant un jour dans sa chambre, vit ce berger assis dans son fauteuil. Il portait le même costume que le jour de la rencontre, tenait sa houlette à la main et avait les deux chiens noirs à ses côtés. Terrifié à cet aspect, M. Milanges appelle ses domestiques, mais comme il arrive d'ordinaire dans les aventures de ce genre, ceux-ci n'aperçurent rien. L'apparition n'était visible que pour celui à qui elle s'adressait. Cependant, vers les dix heures du soir, le berger s'étant précipité sur le jeune homme, celui-ci tira un couteau de sa poche et en frappa cinq ou six fois la figure de son adversaire, qui finit par lâcher prise. Quelques jours plus tard, le berger étant venu demander pardon à M. Milanges, avoua qu'il était sorcier, et que c'était lui qui l'avait poursuivi.

Le jeune homme n'avait donc pas été dupe d'une hallucination, lorsqu'il vit le berger dans sa chambre escorté de ses deux chiens. Le sorcier s'était transporté là par dédoublement, et c'était son fantôme que M. Milanges aperçut assis dans un fauteuil. Les chiens noirs n'étaient également que deux fantômes, et ce fait démontre que les pratiques de la sorcellerie, qui permettent à l'être humain de se dédoubler, peuvent s'appliquer aux animaux avec le même succès.

L'existence du fantôme vivant étant démontré chez les animaux, on conçoit qu'il puisse en être de même du fantôme posthume, qui en est la continuation. C'est ce qu'établissent les faits suivants. Le premier m'a été raconté par un fermier des environs de Sainte-Croix (Ariège), homme sérieux et d'une certaine instruction. Voici sa relation :

« Un de mes camarades revenait de la veillée à une heure assez avancée de la nuit. C'était un jeune homme de ma commune qui habitait une ferme isolée. A quelque distance de sa maison, il aperçoit un âne qui paissait dans un champ d'avoine, situé sur le bord de la route. Poussé par un sentiment de solidarité naturel aux cultivateurs, il voulut mettre ce champ à l'abri d'un hôte si incommode, et s'avança vers l'animal pour le saisir et l'amener chez lui, en attendant que son propriétaire vînt le réclamer. L'âne s'étant laissé approcher, mon camarade le sortit du champ et l'amena sans résistance. Il arrive ainsi jusqu'à la porte de l'étable ; mais au moment où il se disposait à l'ouvrir, la bête disparut tout à coup de ses mains comme une ombre qui s'évanouit. Il a beau regarder autour de lui, il n'aperçoit rien. Saisi de frayeur, il rentre précipitamment chez lui, et réveille son frère pour lui raconter l'aventure. Le lendemain ils se rendent tous deux au champ d'avoine, désireux de savoir si un être si extraordinaire avait commis de grands dégâts, et retrouvent la moisson intacte. L'animal mystérieux broutait une avoine imaginaire. »

— De qui tenez-vous cette histoire ?

— Du jeune homme lui-même à qui elle est arrivée, ainsi que de sa famille.

— Lui avez-vous demandé si la nuit était obscure ? Peut-être le quadrupède s'était-il échappé à la faveur des ténèbres.

C'est la première question que nous lui adressions chaque fois qu'il nous en parlait. Il répondait invariablement qu'aucun nuage ne cachait le ciel, et que la nuit était si claire qu'il apercevait les arbres et tous les buissons à plusieurs mètres de distance, sans quoi il n'aurait pu distinguer l'âne qui paissait à quelques pas de la route. Il ajoutait qu'il avait vu distinctement l'âne s'évanouir sous ses yeux devant la porte de l'étable.

La nature de ce fantôme est nettement accusée par les diverses circonstances du récit. Le spectre de l'animal dérivant du même principe que le spectre humain, doit offrir des manifestations posthumes analogues à celles que l'on observe chez ce dernier.

Nous avons établi, par l'analyse des apparitions racontées au premier chapitre, que l'homme d'outre-tombe conserve les habitudes qu'il a acquises durant la vie. Il se montre dans son jardin, ses champs, ses promenades favorites. On lui voit une houlette à la main quand c'est un berger, un livre de prières si on a devant soi un ecclésiastique, un instrument aratoire lorsqu'il s'agit d'un cultivateur. Il a l'air de vaquer à ses occupations journalières. L'âne de Sainte-Croix ne procède pas autrement. On le rencontre la nuit, parce que, comme le fantôme posthume, il fuit la lumière du jour. Il est dans un champ d'avoine occupé à paître suivant le besoin instinctif de sa race, et ne broute en réalité, comme on le pense bien, qu'un fantôme d'herbe ou de grain. Il suit son conducteur tant qu'ils sont sur la route, mais il se refuse d'entrer dans l'étable, qui est pour lui une prison, et il disparaît afin d'y échapper. Ce sont là autant de traits essentiels des manifestations posthumes, et si le jeune homme dont nous venons de parler s'était renseigné auprès de ses voisins, il eût appris, suivant toute probabilité, que quelque temps auparavant une bête de somme était morte et avait été enfouie dans une ferme des environs.

Le fait suivant n'est pas moins authentique. Causant un jour d'apparitions nocturnes avec un ancien brigadier de douanes, je lui demandai si dans ses longues tournées de nuit, il avait été témoin de quelque fait de ce genre. « Non, me répondit-il, cependant je vais vous raconter une singulière histoire qui m'est arrivée pendant que j'étais douanier. »

Un soir, me trouvant de garde avec un de mes camarades, nous aperçûmes non loin du village que j'habitais un mulet qui paissait devant nous et qui paraissait chargé. Supposant qu'il portait de la contrebande, et que son maître s'était enfui en nous voyant, nous nous mîmes à sa poursuite. Le mulet se jeta dans une prairie, et après avoir fait divers détours pour nous échapper, il rentra dans le village. Alors nous nous divisâmes. Tandis que mon camarade continuait à le suivre, je pris une rue transversale, afin de lui couper le chemin. Se voyant serré de près, l'animal précipite sa course, et plusieurs habitants sont réveillés par le bruit des pas qui résonnaient sur le pavé. J'arrive avant lui au passage où le conduisait la rue qu'il traversait, et au moment où le voyant auprès de moi j'allongeai la main pour saisir son licol, il disparaît comme une ombre, et je n'aperçois que mon camarade aussi étonné que moi.

— Etes-vous bien sûr qu'il ne s'est pas détourné pour prendre un autre chemin?

— Impossible, l'endroit où nous étions formait

une impasse d'où il ne pouvait sortir qu'en me passant sur le corps, et d'ailleurs la nuit était assez claire pour que nous puissions suivre tous ses mouvements. Le lendemain, les habitants du village se questionnaient au sujet du vacarme qu'ils avaient entendu au milieu de la nuit.

On peut appliquer à cette apparition ce que j'ai dit de la précédente. Comme l'âne de Sainte-Croix et comme tous les fantômes posthumes, notre mulet se manifeste pendant la nuit. On le rencontre dans un pré tout entier à son occupation favorite, c'est-à-dire en train de brouter une herbe imaginaire. Dès qu'il se sent traqué par les douaniers, il prend la fuite comme s'il portait de la contrebande dans ses hottes, et il s'évanouit quand il se voit sur le point d'être pris, toutes choses qui caractérisent le spectre d'outre-tombe. La circonstance la plus curieuse du récit est le double coffre qu'il porte sur son dos. Je donnerai, au chapitre suivant, l'explication de ce fait.

L'histoire suivante nous montre un cheval posthume. Dans les environs de la demeure qu'habitait Mirville, l'auteur de ce récit, se trouvait un vieux château hanté. Toutes les personnes qui y avaient séjourné étaient unanimes à se plaindre des manifestations nocturnes qui s'y produisaient, et les empêchaient de dormir.

En 1815, une famille anglaise étant venue y

loger, se vit bientôt forcée de déguerpir. On parlait surtout de l'apparition d'un chevalier armé de toutes pièces. Voici, à ce sujet, un fait précis raconté à Mirville par une de ses parentes, qui, jusqu'alors, n'avait voulu prêter aucune attention aux propos qui circulaient :

« Retournant à Paris, nous disait-elle, et ayant fait venir de la ville voisine deux bons chevaux pour conduire notre voiture jusqu'au premier relais, nous partons très lestement de M*** et dépassons bientôt les avenues du château. Tout allait pour le mieux, lorsque cette voiture, lancée au grand trot, s'arrête subitement au milieu d'une plaine tout à fait nue, et nous occasionne une assez forte secousse. Mon mari et moi, renfermés dans le fond de la calèche, nous supposons d'abord que quelque chose s'est dérangé dans l'attelage ; mais bientôt nous sommes complètement détrompés, car les coups commencent à pleuvoir sur les malheureux animaux, qui se mettent à reculer en renâclant. Nous présumons qu'on aura envoyé des chevaux rétifs ou paresseux, et nous attendons tranquillement que force reste à la loi ; toutefois, la crise continuant, nous nous décidons à mettre la tête à la portière pour demander au cocher ce qui lui arrive. « Eh ! madame, ce qui m'arrive ? Mais vous ne voyez donc pas ce cavalier qui menace mes pauvres bêtes de sa lance et les empêche de passer. » Et les coups de fouet de redoubler, et les bêtes de reculer à outrance ! Puis au même instant. « Ah ! dit-il, Dieu soit loué, il disparaît. » Et voilà que d'elles-mêmes, cette fois-ci, les pauvres bêtes détalent au grand trot, mais *toutes couvertes de sueur* et cherchant à fuir au plus vite, comme des animaux épouvantés. »

Ici le doute n'est pas possible sur la nature du cheval aperçu par le cocher et ses bêtes, puisqu'il était monté par un cavalier posthume.

Je pourrais multiplier les exemples, mais je me trouve arrêté par une difficulté. Dans certains cas, encore mal connus, notre personnalité interne peut, grâce à sa nature fluidique, prendre des formes bestiales, ainsi que j'aurai occasion de le montrer dans un des derniers chapitres. Dès lors, lorsqu'on est en présence du spectre d'un animal, il est à craindre que ce soit une manifestation lycanthropique du fantôme humain, à moins que certaines particularités n'accusent, comme dans les exemples précédents, sa véritable origine. Toutefois, je crois en avoir assez dit pour établir l'existence de la personnalité fluidique chez les animaux, et démontrer ainsi que l'humanité d'outre-tombe n'est qu'un cas particulier d'une loi plus générale, l'animalité posthume.

Le règne végétal et le règne animal se rattachant l'un à l'autre, surtout à leurs limites, par une foule de points de contact, on peut se demander si les arbres et les plantes ont leur doublure fluidiforme analogue à celle des animaux. Le dédoublement ne pouvant s'opérer chez les végétaux, par suite du manque de locomotion, la démonstration directe nous fait défaut. Mais nous avons des preuves indirectes qui ne manquent pas de valeur. La première nous est fournie par les expériences du marquis de Puységur, la seconde par la voyante de Prévorst. Lorsque M. de Puységur eut reconnu l'action du magnétisme sur l'homme et plus généralement sur les animaux, il se demanda s'il pouvait produire quelques effets sur les plantes, et il magnétisa les arbres de son parc. Je n'aborderai pas ici la pratique de cette opération répétée par d'autres magnétiseurs. Je dirai seulement que le fluide mesmérien exerce sur les arbres une certaine action, qu'il est facile de constater en observant le changement d'aspect qui se produit sur les feuilles, lorsque les branches et le tronc sont soumis aux passes magnétiques. De tels effets supposent dans l'intérieur du végétal l'existence d'un principe fluide que les magnétiseurs appellent l'âme de la plante, et qui, pour nous, est l'analogue de la doublure fluidiforme que nous avons observé chez les animaux. La voyante de Prévorst distinguait nettement, toutes les fois qu'elle examinait un arbre, sa doublure fluide encastrée dans le végétal, et confirmait ainsi les déductions physiologique des magnétiseurs.

Du végétal au minéral la distance est encore plus facile à franchir que de la plante aux animaux. Réduit à sa forme la plus simple, le végétal n'est plus qu'une cristallisation lente de ses éléments constitutifs, opérée dans le laboratoire de la nature, et rappelant ce qui se passe lorsqu'il se forme un cristal dans la cornue du chimiste. Dans l'un et l'autre cas, ce sont des atomes des corps simples s'agrégeant diversement suivant leur nature et le milieu dans lequel ils se trouvent placés. On peut dès lors conjecturer que certaines propriétés des végétaux ont leurs analogues dans les minéraux. La doublure fluidique de la plante est-elle de ce nombre? La preuve directe nous fait encore défaut, et les analogies ne disent pas grand'chose, car l'existence de cette doublure chez les végétaux paraît être, comme chez les animaux, un phénomène physiologique, et on sait que la physiologie n'a rien à voir dans la cristallisation des corps bruts. Cependant, nous n'hésitons pas à répondre par l'affirmative, car, à défaut de démonstration directe, nous avons une foule de preuves tirées d'un autre ordre de faits que j'exposerai au chapitre suivant. Pour le moment, je me contenterai de dire que la voyante de Prévorst apercevait l'âme des corps bruts aussi bien que celle des végétaux. C'était leur doublure éthérée, mélangée, probablement, avec quelques molécules de leurs propre substance. On peut se rendre compte de ce fait, si l'on considère que tous les corps, quelque densité qu'on leur suppose, présentent, tant à l'intérieur qu'à l'extérieur, d'innombrables pores, et que, par conséquent, ils sont pénétrés en tous sens par le fluide universel, au milieu duquel ils se trouvent immergés. Les atomes de ce fluide, lancés en avant par les vibrations lumineuses, calorifiques et électriques des astres, se heurtent aux molécules des objets qu'ils traversent, et rebondissent jusqu'à ce qu'ils aient pris une position d'équilibre. Cet agrégat d'atomes éthérés prend naturellement la forme extérieure du corps au sein duquel il se constitue et devient sa doublure. Certains phénomènes qu'offre dans ses manifestations le fantôme, soit vivant, soit posthume, et que j'analyserai au chapitre suivant, trouvent, dans cette théorie, une explication rationnelle, et lui prête, en quelque sorte, la sanction expérimentale.

CHAPITRE IV

Caractère de l'être posthume. — Sa constitution physique. — Son mode de locomotion. — Son aversion pour la lumière. — Son vestiaire. — Ses manifestations. — Son réservoir de force vive. — Sa balistique. — Tout homme possède son image fluidique. — La voyante de Prévorst.

Revenons à l'homme posthume. Étant la continuation, par-delà le tombeau, de la personnalité interne que nous avons vu se manifester dans les phénomènes de dédoublement, il devient plus facile de l'observer. Le fantôme vivant et le fantôme d'outre-tombe ont, en effet, ainsi que le fait présumer leur commune origine, de nombreux points de ressemblance, de sorte que l'étude de l'un complète celle de l'autre. Je vais passer en revue les traits principaux qui les caractérisent, afin de nous éclairer sur la nature de l'être posthume. N'oublions pas d'ailleurs que nous entrons dans le monde des ténèbres, et que plus d'un point d'interrogation restera sans réponse.

Étudions d'abord sa constitution physique. Ce que j'ai dit du spectre vivant dans les exemples de dédoublement, cités au deuxième chapitre, nous fait connaître la structure du spectre d'outre-tombe. C'est le calque fluidique de tous les organes du corps humain. On l'a vu, en effet, se mouvoir, parler, prendre de la nourriture, accomplir, en un mot, les diverses fonctions de la vie animale. Cela s'applique au fantôme posthume aussi bien qu'à son aîné, ainsi que j'aurai occasion de le constater plus loin, notamment au chapitre consacré au vampire d'outre-tombe. Les molécules qui le constituent sont évidemment empruntées à l'organisme qui lui a donné naissance. On peut donc le définir, un tissu gazeux offrant une certaine résistance, comme nous l'apprend le dédoublement de la sous-maîtresse de Riga, cité chapitre II.

La constitution fluidique du fantôme donne l'explication de plusieurs particularités qu'il présente. En premier lieu, elle rend compte du sans-façon avec lequel il pénètre dans les habitations. Certains spectres ouvrent et referment les portes des appartements qu'ils viennent visiter, mais d'autres dédaignent ces précautions ou savent passer outre quand on barricade les issues. Ils traversent les cloisons ou tout au moins les boiseries. Ce phénomène n'offre rien de contraire aux lois de la nature. C'est une application immédiate de la structure du fantôme. On sait que tous les corps, quelque grande que soit leur densité, sont percés d'innombrables pores qui livrent passage aux fluides. Le platine, le plus dense des métaux, est traversé par l'hydrogène, et l'on se rappelle la célèbre expérience des Académiciens de Florence qui, soumettant à une forte pression une sphère creuse d'or remplie d'eau, virent des gouttelettes liquides suinter à la surface. On conçoit, dès lors, que les fissures des boiseries ou des portes mal jointes puissent donner accès au tissu gazeux et élastique du spectre.

On peut expliquer par des considérations analogues la promptitude avec laquelle se meut le fantôme, soit vivant, soit posthume. Nous avons vu le double de l'Alsacienne quitter son navire, perdu au milieu de l'Océan, pour se rendre à Rio-de-Janeiro, et rentrer à bord dans l'intervalle d'une syncope, c'est-à-dire dans deux ou trois heures, peut-être moins. Le même fait s'est reproduit pour le père du capitaine qui revenait des Indes, et pour le devin de Philadelphie. Le fantôme de ce dernier traversa l'Atlantique, entra dans un café de Londres, et revint au point de départ apporter la réponse à la dame qui attendait dans le salon. On a constaté des faits non moins extraordinaires chez le posthume. On le voit se montrer, presque au moment de la mort, à des centaines, quelquefois à des milliers de lieues de distance. C'est ce qui arrive pour les apparitions qui se produisent entre l'ancien et le nouveau monde. Certaines personnes qui avaient des parents éloignés les uns des autres, s'étant montrés à eux au moment où elles venaient d'expirer, on a supposé que le fantôme avait le don d'ubicuité. Il n'en est rien. Sa présence à la même heure sur des points différents et séparés par de grandes distances, s'explique aisément par la rapidité merveilleuse de son transport qui fait que les apparitions paraissent simultanées lorsqu'elles ne sont que successives. Quant à cette vitesse extraordinaire, il faut en chercher la cause dans la fluidité du spectre, qui lui permet de traverser, presque sans obstacle, l'air atmosphérique, sous la dernière impulsion des forces vitales.

Un des caractères du posthume est son aversion pour la lumière et la promptitude avec laquelle il la fuit. Toutes les manifestations par lesquelles il se révèle sont nocturnes et rarement diurnes. Dans ce dernier cas, il se produit quelquefois des bruits analogues à ceux qu'on entend pendant la nuit, mais le fantôme n'apparaît qu'à la faveur de l'obscurité, du crépuscule par exemple. Il semble même que la lumière annihile ses forces, car tous les bruits cessent dès qu'on entre avec une bougie dans la chambre où ils ont lieu. Ce fait est suffisamment établi par les exemples que j'ai cités. J'en ajouterai cependant un autre tout à fait caractéristique qui confirme ce que j'ai dit de la constitution physique du spectre. Il est raconté par un éminent jurisconsulte du seizième siècle, Alexandre, d'Alexandrie, Voici le résumé de son récit :

« Dans une maison hantée, de Rome, nous voyions chaque nuit un spectre hideux et entièrement noir, de l'aspect le plus menaçant, qui semblait implorer de nous assistance. Personne, avant mon arrivée, n'avait voulu louer cette habitation, à cause des choses étranges qui s'y produisaient. Plusieurs de mes amis vinrent un soir passer la nuit chez moi pour être témoins de ce qu'ils avaient entendu raconter à ce sujet. Ils veillèrent donc avec nous, et quoique les lumières fussent allumées, ils virent bientôt paraître le spectre avec ses mille évolutions, ses clameurs, ses épouvantements qui firent croire plusieurs fois à nos compagnons, malgré tout leur courage, qu'ils allaient en être les victimes. Toute la maison retentissait des gémissements de ce fantôme ; mais lorsque nous approchions de lui il paraissait reculer, surtout fuir la lumière que nous portions à la main. Enfin, après un tapage indicible de plusieurs heures, et lorsque la nuit tirait à sa fin, tout s'évanouit. De tous ces prodiges un seul mérite surtout d'être cité, car, à mes yeux, ce fut le plus grand et le plus effrayant... La nuit était venue, et après avoir fermé ma porte avec un fort cordon de soie, je m'étais couché. J'étais encore éveillé, et je n'avais pas éteint la lumière lorsque j'entendis le spectre faire son tapage ordinaire à la porte, et peu de temps après cette porte, restant fermée et attachée, je le vis, chose incroyable, s'introduire dans la chambre par les fentes et les serrures. A peine entré, il se glisse sous mon lit, et Marc, mon élève, ainsi que celui qui couchait avec nous, ayant aperçu toute cette manœuvre, glacé d'épouvante, se mirent à pousser des cris affreux et à appeler au secours. Mais voyant toujours la porte fermée, je persistai à ne pas croire à ce que j'avais vu, lorsque j'aperçus le terrible fantôme tirer de dessous mon lit un bras et une main avec lesquels il éteignit ma lumière. Celle-ci éteinte, alors il se mit à bouleverser, non seulement tous mes livres, mais tout ce qui se trouvait dans ma chambre, en proférant des sons qui nous glaçaient les sens. Tout ce bruit ayant réveillé la maison, nous aperçûmes des lumières dans la chambre qui précède la mienne, et en même temps nous vîmes le fantôme ouvrir la porte et s'échapper. »

Ainsi que le dit l'auteur, la circonstance la plus curieuse de ce récit est le soin que mit le spectre à éteindre la lampe avant de commencer son vacarme. On a vu le même fait se reproduire ailleurs. Le malaise qu'éprouve le posthume devant une clarté quelconque, s'explique par l'action désorganisatrice que toute lueur fait subir à son tissu. On sait que la lumière est un mouvement vibratoire imprimé à l'éther par les corps incandescents. Ces vibrations, d'une vitesse presque infinie, altéreraient promptement le tissu fluidique du fantôme en désagrégeant ses molécules, s'il ne se retirait, pendant le jour, dans son tombeau ou dans les retraites les plus obscures. Il en est de même de l'animal posthume. Il est photophobe au même titre que l'homme d'outre-tombe, et comme ce dernier, ne se manifeste que la nuit. Ces précautions peuvent prolonger un certain temps l'existence de l'ombre, mais non empêcher sa fin. Quelques soins, en effet, qu'elle prenne à fuir la clarté du jour, elle ne saurait complètement échapper à l'action multiple et incessante des vibrations lumineuses, calorifiques et électriques qui remplissent l'espace, et l'assaillent de toute part. Les molécules de son tissu se désagrégeant une à une, il arrive un jour où elle n'a plus conscience d'elle-même. Sa personnalité a alors disparu; ce n'est plus qu'une forme vague qui se dissipe peu à peu et va se perdre dans le milieu universel. Cette lente agonie du posthume est vérifiée, si j'ose dire, expérimentalement par le cours même de ses manifestations : tumultueuses au début, elles diminuent, à la longue, de fréquence et d'énergie, et finissent par s'éteindre complètement, rappelant ainsi les avaries qu'éprouvent journellement l'ombre, de la part des agents cosmiques et son anéantissement définitif.

Passons à un autre ordre de faits. Ce qui frappe

tout d'abord dans une apparition posthume, c'est que la personne qui se manifeste porte le costume qu'elle avait de son vivant. Il semblerait qu'elle doit se montrer telle qu'elle était au lit de mort, au moment où on l'a déposée dans la tombe. Mais il n'en est pas toujours ainsi. Nous avons vu que l'abbé Peytou et l'archiprêtre de Saint-Gaudens portaient leur habit ecclésiastique; quand on entendait Mme X..., de la Bastide-de-Sérou, marcher dans sa chambre, on distinguait le frôlement d'une robe de soie. Cela n'offre rien d'extraordinaire, car ces vêtements rappelaient ceux dont on les avaient revêtus après leur mort. Mais il ne saurait en être de même de M. X..., du canton d'Oust, qui, dans trois apparitions bien circonstanciées, se montra avec son chapeau et un cache-nez qu'il portait d'ordinaire autour du cou. Il n'est pas probable qu'on l'eût ainsi coiffé et cravaté lorsqu'on le mit dans le cercueil. Chose encore plus extraordinaire, l'ombre tient parfois à la main des objets qui lui étaient familiers. L'abbé Peytou fut aperçu lisant son bréviaire dans le jardin du presbytère, et lorsqu'on l'entendait remuer dans sa chambre, on distinguait nettement le bruit qu'il faisait en ouvrant ou en fermant sa tabatière et en humant une prise de tabac imaginaire. Quand on rencontra M. X..., du canton d'Oust, dans sa vigne, il tenait des ciseaux avec lesquels il taillait les ceps. L'âne de Sainte-Croix et le mulet du douanier trainaient, l'un son licol, l'autre ses hottes. Nous avons constaté des faits analogues dans les exemples de dédoublement mentionnés au deuxième chapitre. Le fantôme vivant est vêtu comme le fantôme d'outre-tombe du costume qu'il revêt le plus habituellement. Il porte aussi avec lui les objets qui lui sont familiers. Le père du chambellan du roi de Suède tenait à la main une canne. L'Alsacienne de Rio-Janeiro avait sa petite fille dans ses bras. Le berger de Noisy-le-Grand se montrait avec sa houlette et ses deux chiens. Tous étaient vêtus comme à l'ordinaire, bien que les deux premiers fussent dans leur lit au moment de l'apparition.

L'emprunt fait par le posthume à son ancienne garde-robe ou à son ancien mobilier, m'a longtemps semblé un phénomène aussi inexplicable que l'apparition elle-même. Il fallait de toute nécessité admettre que les vêtements et tous les corps bruts en général ont leur doublure fluidique au même titre que l'homme et les animaux, doublure que le fantôme peut détacher et s'approprier. Mais où trouver la vérification expérimentale de cette hypothèse pour la faire servir à une explication rationnelle? Après maintes recherches, je la rencontrai en lisant la biographie de la voyante de Prévorst. Ainsi que je l'ai dit au chapitre précédent, nous apprenons du docteur Kerner que cette femme extraordinaire distinguait dans tous les objets leur image fluidique.

Nous avons vu que les manifestations posthumes sont de deux sortes. Parfois, l'ombre revient paisible aux lieux qu'elle habitait ou à ses occupations favorites. Tel est le cas de l'abbé Peytou, qui se promenait dans sa chambre ou dans le jardin du presbytère, tenant à la main tantôt son bréviaire, tantôt sa tabatière ; de M. X..., du canton d'Oust, qui allait tailler sa vigne armé de ciseaux, l'air souriant selon son habitude ; de l'âne de Sainte-Croix et du mulet du douanier, qui venaient paître une herbe imaginaire. Mais c'est là, croyons-nous, une exception, du moins pour l'homme. Le plus souvent, ces manifestations sont bruyantes et trahissent l'inquiétude et le malaise. Il a été constaté, par maintes observations, que le but de tous ces tapages est d'appeler l'attention des parents sur la mémoire du défunt, comme si ce dernier désirait qu'on s'occupât de lui, et qu'on le tirât d'embarras. L'existence d'outre-tombe paraît, en effet, être un fardeau pour beaucoup de ceux qui ont le privilège d'y entrer. Le dicton populaire : « C'est une âme en peine », dégagé de toute interprétation théologique, semble parfaitement juste pour caractériser les manifestations posthumes. Le fantôme qui se contente de tirer les couvertures et de découvrir le dormeur agit évidemment sous l'impulsion du même mobile.

Etudions de plus près les bruits familiers à l'ombre, car nous y trouverons les particularités les plus étranges peut-être que présentent les phénomènes d'ordre posthume.

Je ne parlerai pas du tapage que fait entendre le spectre dans les habitations, lorsqu'il se contente de frapper des coups sur les murs ou les cloisons, de remuer les meubles, de changer les chaises de place. Il lui suffit, pour produire ce vacarme, d'une certaine puissance dynamique, et je dirai tout à l'heure où il la puise. Le prodige commence quand il fait appel à sa balistique, car le projectile paraît être son arme favorite. Il arrive souvent que les objets lancés dans un appartement par une main invisible, sont loin de produire en tombant l'effet qu'on serait en droit d'attendre d'après le fracas de leur chute. Ils frappent quelquefois une vitre sans la casser, bien que leur volume et la force de projection dont ils paraissent animés dût la faire voler en éclat. D'autres fois, ils tombent sur une personne, et ne lui causent aucun mal. Celui qui reçoit le coup le compare au léger choc que produirait une balle de laine ou de coton. Le phénomène devient encore plus extraordinaire quand il s'agit de projectiles invisibles. On entend des pierres lancées avec force contre les cloisons ou les meubles, puis rebondir sur le parquet, mais on n'aperçoit rien. Parfois il se produit des cassures dans les vitres, et l'on voit des fragments de plâtre se détacher du plafond et tomber à terre, lorsque la mitraille arrive du dehors et traverse les fenêtres. Dans certains cas, c'est la vaisselle dressée sur une table qu'on entend tomber et se briser avec fracas sur le parquet. Les gens de la maison accourent, et voient avec étonnement que verres et porcelaines sont à leur place, comme s'ils avaient été dupes d'un bruit imaginaire. Faut-il donc admettre une dynamique posthume qui serait, par ses côtés les plus essentiels, l'antithèse de la nôtre? Nullement, l'ombre obéit comme nous aux lois du temps et de l'espace. Les anomalies que présente sa balistique s'expliqueront le jour où nous aurons dressé l'inventaire et étudié la nature de toutes les forces qui régissent l'univers. Essayons cependant de soulever une partie de ce voile mystérieux, si toutefois il est permis d'appliquer des déductions rationnelles à un monde si différent du nôtre.

Le prodige qui frappe le plus dans ces manifestations tumultueuses, est la disproportion extraordinaire qui existe entre la structure fluidique de l'ombre et l'énorme quantité de puissance musculaire qu'elle déploie pour lancer ses projectiles, et les faire rebondir avec un fracas qui atterre parfois les personnes et même les animaux. Lorsque la mort est récente, et que le posthume se borne à frapper des coups sur les cloisons ou à remuer des chaises, on peut hasarder une explication assez naturelle. Tout ne s'éteint pas quand le cœur a cessé de battre. Certaines forces organiques continuent leur action tant que les tissus qui en sont le siège n'ont pas été altérés. On sait que lorsque l'on exhume un cadavre, on remarque que sa barbe et ses ongles ont poussés. Dès lors, l'ombre pourrait agir dans une certaine mesure, sous l'impulsion des forces vitales du corps qu'elle vient d'abandonner. Mais lorsque la mort remonte à des semaines ou à des mois, que la décomposition a fait son œuvre, que les coups frappés ou les projectiles lancés accusent une grande vigueur musculaire de la part de l'auteur de ce bruyant charivari, on est forcé d'admettre que ce dernier a trouvé une nouvelle source de forces vives, dans laquelle il puise ses énergies. Certains indices semblent établir que ce réservoir est le corps d'une personne vivante, de préférence celui d'un parent du défunt. Je mentionnerai, à l'appui de ce vampirisme fluidique, et comme preuve indirecte, un fait analogue observé chez la voyante de Prévorst. Le docteur Kerner raconte que sa malade mangeait très peu, mais elle avouait elle-même qu'elle se nourrissait de la substance des personnes qui venaient la voir, surtout de celles qui lui étaient unies par les liens du sang, leur constitution se trouvant plus conforme à la sienne. De fait, les visiteurs qui avaient passé quelques instants auprès d'elle remarquaient qu'en se retirant, ils étaient affaiblis.

Abordons maintenant un autre côté non moins mystérieux de cette balistique étrange, où tout est obscurité et surprise. Les projectiles invisibles produisent des effets mécaniques aussi grands que si c'était des pierres de gros calibre. On dirait la négation systématique des lois du mouvement. Toute explication rationnelle devient impossible. Allons cependant jusqu'au bout, et essayons de pénétrer dans la géométrie des fantômes.

Nous avons vu que tous les corps ont leur doublure que l'ombre peut détacher et saisir. Les vêtements qu'elle porte, les objets qu'elle tient à la main, sont des images fluidiques empruntées à son ancien vestiaire ou à ses anciens ustensiles. Il est à présumer qu'il en est de même des projectiles invisibles ; au lieu de lancer des pierres, elles lancent leur calque. Quel effet mécanique peut résulter d'une telle projection ?

La dynamique nous apprend que la quantité de mouvement que possède un mobile s'estime en multipliant la masse de ce mobile par la vitesse, et que sa force vive au moment de la chute est égale au demi produit de cette même masse par le carré de la vitesse. D'après cette formule, on peut obtenir tel effet mécanique qu'on voudra, en donnant au projectile une vitesse assez forte, pourvu que la masse de ce projectile soit plus grande que zéro. Or, nous avons vu, en faisant l'analyse de plusieurs exemples de dédoublement de personnes vivantes, que leur fantôme offrait une certaine résistance. Il en est de même de l'image des corps bruts, et quelque faible que soit la densité d'un tel projectile, il pourra en tombant produire un effet acoustique ou autre, si l'impulsion est assez forte. L'homme d'outre-tombe agit avec les pierres comme avec les vêtements. Il se contente d'en détacher l'image fluidique, qui devient entre ses mains un projectile invisible. On se rendrait compte de la même manière du bruit de la vaisselle tombant avec fracas, et qu'on retrouve ensuite intacte sur le dressoir. Ce sont des effets acoustiques provenant de la doublure des verres et des assiettes que le fantôme lance sur le parquet. Ne nous laissons pas toutefois abuser par des apparences, et craignons qu'en explorant le domaine des ombres, nous ne prenions une ombre de raisonnement pour le raisonnement lui-même. L'image fluide d'un corps faisant dans sa chute un bruit comparable à celui que produirait le corps lui-même, suppose, ainsi que je l'ai dit, une force de projection presque infinie. Or, le posthume ne pouvant puiser ses énergies que dans le corps d'une personne vivante, avec lequel il est en communication fluidique, on se demande si ce réservoir de forces vives est suffisant, pour rendre possible de tels effets. Nous touchons ici au problème encore si obscur de la matière raréfiée, et il faut attendre que cette nouvelle branche de la physique, entrevue par Crookes, ait été étudiée sous ses diverses faces, pour avoir le mot de l'énigme. Il serait plus aisé de se rendre compte du phénomène non moins étrange qui se présente, lorsque les projectiles, au lieu d'être invisibles, sont de véritables pierres qui frappent sans causer aucun mal. On peut admettre que ces projectiles sont remplis de fluide mesmérien, et nous verrons bientôt qu'une des propriétés de ce fluide est de rendre plus légers les corps qu'il imprègne de ses effluves.

Tout homme peut-il prétendre à l'existence d'outre-tombe ? Il serait téméraire, croyons-nous, de répondre affirmativement à ce redoutable point d'interrogation, bien qu'on puisse poser en principe que tout individu porte en lui l'image fluidique, qui, après la mort, constitue le fantôme posthume. Ce principe qui se présente comme conséquence immédiate d'une loi générale, la doublure fluidique de tous les corps de la nature, établie au chapitre précédent, a été vérifié en quelque sorte expérimentalement par la voyante de Prévorst. Disons d'abord quelques mots sur cette femme extraordinaire, si souvent citée dans les livres des spirites et des magnétiseurs.

Elle s'appelait Mᵐᵉ Hauffe, mais on la connaît plus généralement sous le nom de la *voyante* de Prévorst, du nom d'un village de Wurtemberg, où elle naquit au commencement de ce siècle. C'est au docteur Kerner, une des célébrités de l'Allemagne contemporaine, qui l'avait soignée dans les dernières années de sa vie, que nous devons tous les détails racontés à son sujet. Dès son enfance, on reconnut en elle une organisation nerveuse d'une délicatesse exceptionnelle, et cette impressionnabilité excessive alla s'accentuant jusqu'à la fin de sa vie. D'autres membres de sa famille possédaient quelques-unes de ces facultés, mais à un degré bien moindre. Du reste, on avait remarqué chez maintes personnes du village de Prévorst une certaine prédisposition aux maladies nerveuses, notamment à la danse de Saint-Guy. L'électricité et le magnétisme agissaient sur elle d'une façon extraordinaire. Dans les temps d'orages, on tirait de son corps des étincelles électriques ; lorsqu'elle tenait certains métaux dans ses mains, elle sentait des courants magnétiques traverser ses membres. Le fer surtout l'influençait à un très haut degré, et on avait été obligé d'arracher tous les clous des boiseries de sa chambre. Le magnétisme animal agissait sur elle d'une façon non moins surprenante que le magnétisme terrestre. On la voyait souvent entrer d'elle-même en somnambulisme. Elle offrait ainsi un exemple frappant de la connexion si souvent observée entre les phénomènes électro-magnétiques et les phénomènes du spiritisme, parmi lesquels le dédoublement de la personnalité humaine tient une si large part. La sensibilité exquise de son appareil nerveux lui faisait percevoir des sensations qui passaient inaperçues pour tout autre. Elle pressentait parfois les dangers qui menaçaient quelqu'un des siens; elle prévenait alors ces derniers, et l'événement justifiait toujours ses prévisions. De là, le nom de *voyante* par lequel on la désignait, de même que l'antiquité avait donné le surnom de thaumaturge au célèbre Apollonius de Tyane. Inutile d'ajouter que le vulgaire attribuait à des facultés surnaturelles ou à des communications avec un monde différent du nôtre ce qui n'était qu'un agrandissement extraordinaire de la sensibilité de ses centres nerveux.

Une telle organisation prédisposait naturellement aux visions du spiritisme. Elle était souvent tourmentée par des apparitions de fantômes qu'il était impossible de mettre sur le compte de l'hallucination, car les personnnes qui étaient présentes entendaient aussi distinctement qu'elles les coups frappés sur les cloisons, ou voyaient certains objets qui se trouvaient dans la chambre changer de place. On n'ignore pas que c'est le propre des manifestations du fantôme humain, notamment du fantôme posthume. Elle voyait souvent sa propre doublure, et apercevait celle des autres en regardant dans leur œil droit. Ce fait est la démonstration expérimentale de cet axiome : Que outre sa forme extérieure et organique, le corps humain possède une forme intérieure et fluide, calquée sur la première. Quand le dédoublement s'opère chez une personne, on aperçoit à la fois cette personne et son image.

Une autre révélation de la voyante de Prévorst vient encore confirmer notre axiome. Quand je m'occupai d'études physiologiques, je m'étais souvent arrêté sur un fait singulier. Il arrive parfois qu'une personne qui a perdu un bras ou une jambe éprouve certaines sensations à l'extrémité des doigts ou des orteils. Les physiologistes expliquent cette anomalie, en invoquant chez l'amputé une inversion de sensibilité ou de souvenir, qui lui fait rapporter à la main ou au pied la sensation dont le nerf du moignon est seul affecté. Ils cherchent à justifier leur dire par de prétendues analogies qu'ils trouvent tantôt dans la production des images virtuelles dues à l'action des rayons lumineux sur les miroirs, tantôt à l'arrivée des dépêches sur le même fil électrique qui a plusieurs centres de correspondances dans son parcours. J'avoue que ces explications me semblaient embarrassées et ne m'ont jamais satisfait. Lorsque j'abordai le problème du dédoublement de l'homme, la question des amputés me revint à l'esprit, et je me demandais s'il n'était pas plus simple et plus logique d'attribuer l'anomalie dont je viens de parler à la doublure du corps humain, qui, par sa nature fluidique, échappe à l'amputation. Je me proposais dans ce but de me livrer à quelques expériences, que la perte de la vue m'empêcha d'exécuter. Je ne fus donc nullement surpris quand je lus dans le livre du docteur Kerner que la voyante de Prévorst distinguait dans tout homme amputé le membre perdu.

Reprenons notre point d'interrogation : Tout homme possédant sa doublure doit, ce semble, entrer après sa mort dans la faune des ombres. Il n'en est rien cependant, à en juger par le petit nombre des apparitions posthumes, et la rareté excessive du dédoublement chez les personnes vivantes. C'est que l'image fluidique, inerte par elle-même, a besoin d'être stimulée et en quelque sorte complétée par un autre agent de l'organisme, qui lui communique l'énergie nécessaire pour qu'elle ait conscience d'elle-même. L'étude de ce nouveau facteur de la dynamique humaine sera l'objet des chapitres suivants.

CHAPITRE V

Fluide universel. — Fluide nerveux. — Analogies et dissemblance de ces deux fluides. — Animaux électriques.—Personnes électriques. Plantes électriques. — Action du fluide nerveux sur la personnalité interne.

Le fantôme humain ne se révèle pas toujours d'une manière aussi nette que dans les exemples que j'ai cités. Il a aussi, parfois, des manifestations obscures, de nature très variée, qui en font une sorte de Protée insaisissable. Le mesmérisme reproduisant des manifestations analogues chez le somnambule, le médium, l'extatique, etc., il est souvent difficile de dire si la cause première de ces phénomènes doit être rapportée à la personnalité interne ou au fluide nerveux, ou bien encore à l'action combinée de ces deux agents. Dans un grand nombre de cas, leur liaison paraît si intime, qu'on est amené à se demander si ce n'est pas du second que le premier tire son origine et ses énergies. Abordons ce curieux côté de la physiologie humaine, mais auparavant disons quelques mots du fluide universel, que les magnétiseurs confondent souvent avec le fluide nerveux.

Le fluide universel, c'est-à-dire le fluide subtil qui remplit les espaces et pénètre tous les corps, avait été entrevu par la philosophie grecque, plusieurs siècles avant notre ère ; c'était l'éther que ressuscita Descartes, au moment où on allait jeter les fondements de la physique moderne. Mais il n'y a guère qu'un demi-siècle que l'existence de ce fluide a été mis hors de doute et constaté, pour ainsi dire officiellement, grâce aux savantes analyses de Fresnel sur la lumière, complétées par les ingénieuses expériences d'Arago. Depuis, divers savants ont cherché à expliquer par la même méthode, je veux dire par la théorie de l'éther, d'autres branches de la physique, et ils ont obtenu le même succès. Enfin, les astronomes, en tête desquels nous devons citer Boucheporn et le P. Secchi, ont couronné l'œuvre de Fresnel en démontrant que les lois de la gravitation universelle sont des conséquences des propriétés de l'éther. Il est donc aujourd'hui acquis à la science qu'un fluide éminemment subtil, au sein duquel nagent les corps célestes, remplit l'immensité de l'univers, et que les phénomènes de lumière, chaleur, électricité, gravitation, affinité chimique, etc., sont dus aux divers modes d'actions de ce fluide.

Lorsque, vers la fin du dernier siècle, Mesmer voulut se rendre compte des effets du baquet magnétique, il ne tarda pas à s'apercevoir qu'il avait un fluide pour agent ou pour véhicule, et il songea au fluide universel que l'école cartésienne venait de remettre en honneur. Sa manière de voir fut adoptée par la plupart de ses continuateurs. La pratique du magnétisme démontra bientôt, il est vrai, l'existence d'un fluide spécial, le fluide nerveux qui se dégage dans les passes, sous la volonté de l'opérateur et produit les phénomènes du somnambulisme. Mais l'ancienne locution continua à prévaloir, surtout parmi les personnes étrangères à la physique, qui ne voient dans le fluide nerveux qu'un synonyme du fluide universel. C'est là une erreur grave qu'il importe de faire disparaître.

Le fluide nerveux, que j'appellerai aussi éther mesmérien, du nom de celui qui l'entrevit le premier, est propre à tous les animaux pourvus d'un appareil nerveux suffisamment développé, c'est-à-dire à un grand nombre d'êtres vivants. Dans le cours normal de la vie, il s'écoule à mesure qu'il se forme, ou plutôt qu'il dépasse une certaine tension, et se perd dans le sol ou dans l'atmosphère, de sorte qu'il passe inaperçu. Mais chez les animaux, aussi bien que chez l'homme, il se révèle par des manifestations *sui generis*, dans certains cas de volition. Prenons pour exemple le magnétiseur au moment où il endort sa somnambule. On sait que le rôle de l'appareil cérébro-spinal est d'exécuter les mouvements qui lui sont dictés par la volonté. Le fluide nerveux, appartenant à cet appareil, est régi par le même mécanisme. A chaque passe magnétique il s'écoule le long du bras de l'opérateur, sous la volonté de ce dernier, et s'échappe par l'extrémité des doigts, à la manière de l'électricité, pour agir physiologiquement sur la somnambule. Si celle-ci est rebelle à l'action magnétique, l'opérateur finit par éprouver des symptômes d'épuisement, et se voit forcé de s'arrêter lorsqu'il a perdu tout son fluide. Ses passes n'ont plus aucun effet. Le pouvoir magnétique ne reparaît que le lendemain, lorsqu'une nouvelle quantité d'éther mesmérien s'est accumulée dans son organisme. Une partie seulement du fluide émis agit sur la somnambule. Beaucoup d'effluves, probablement le plus grand nombre, restent sur ses vêtements ou se répandent dans la salle. Quand les séances ont été longues ou nombreuses, il se dégage parfois tant d'effluves dans l'appartement, que certaines personnes se refusent d'y passer la nuit, ne pouvant respirer une telle atmosphère. De cette analyse ressortent trois ordres de faits, qui démontrent à la fois l'existence et la nature de l'éther mesmérien, l'action physiologique qu'il exerce sur la somnambule, celle qu'éprouvent les tempéraments nerveux dans une pièce saturée de fluide, enfin l'épuisement qui atteint le magnétiseur après un certain nombre de passes.

Mais ce n'est pas seulement par l'extrémité des

doigts que s'écoule le fluide; étant aux ordres de la volonté, il suit toutes les voies que celle-ci lui prescrit. Veut-on de l'eau magnétisée ? Il suffit que la bouche souffle dans un verre à plusieurs reprises, pour que le liquide acquière des propriétés nouvelles accusant la présence d'effluves mesmériens. Ici le fluide a été transmis par le souffle sorti de la poitrine. D'autres fois, il est lancé par les yeux. On sait que certains magnétiseurs endorment leurs sujets en les fixant du regard. Lorsque, par suite d'une constitution spéciale, une personne dégage du fluide de mauvaise nature, elle peut faire entrer en convulsions et même tuer de petits animaux, tels que : poulets, oisons, etc. C'est le *mauvais œil* qu'on a souvent nié, mais qui n'en repose pas moins sur des faits authentiques, et j'ai connu, personnellement, une femme atteinte de cette infirmité. Au surplus, le serpent nous offre, chaque jour, des exemples sans réplique du *mauvais œil*. Personne n'ignore que lorsqu'il fixe son regard sur un oiseau perché sur un arbre, ce dernier ne tarde pas à perdre contenance et à dégringoler de branche en branche jusqu'à ce qu'il devienne la proie du fascinateur. L'action du fluide est ici d'autant plus énergique, qu'il est dardé non seulement par les yeux, mais encore par le souffle et la langue effilée du reptile.

C'est surtout dans les animaux dits électriques qu'on peut suivre de près la nature et l'origine de l'éther mesmérien. On les désigne ainsi parce qu'ils jouissent de la faculté singulière d'accumuler une sorte d'électricité vitale dans un organe spécial qui leur sert de condensateur, et de se débarrasser à volonté de ce fluide par des décharges successives, comparables à celles qu'on obtient avec nos appareils électriques. C'est ainsi qu'ils foudroient ou étourdissent les ennemis qui les approchent. Trois genres de poissons, le gymnote, le silure et la torpille, ont acquis une certaine célébrité à cet égard. Le premier, qu'on ne rencontre que dans les lacs et les étangs du nouveau monde, notamment dans le bassin de l'Orénoque, n'est connu que des naturalistes. Il en est de même du second, confiné dans le Nil et d'autres fleuves de l'Afrique septentrionale. Mais la torpille, assez commune dans la Méditerranée, fournit chaque jour l'occasion de vérifier ce singulier phénomène. Sa faculté électrique, qu'on observe à divers degrés dans toutes les variétés de cette espèce, est surtout remarquable chez le *torpedo*. Les habitants des côtes, qui se nourrissent de ce poisson, savent qu'il faut rejeter comme malsain l'appareil condensateur. Lorsque l'animal, se voyant poursuivi, lance ses décharges, celles-ci vont toujours diminuant d'intensité à mesure qu'elles se multiplent, et finissent par ne produire aucun effet. Ces poissons sont alors complètement inoffensifs. Quand on leur donne la chasse, c'est le moment où on les approche pour les saisir. Il en est d'eux comme du magnétiseur, qui, après de nombreuses passes sur un sujet rebelle, se sent épuisé et est forcé de s'arrêter. Toute leur électricité s'est perdue dans les décharges, et leur pouvoir foudroyant ne reparaît que lorsque l'organisme a produit et accumulé une nouvelle quantité de fluide dans l'appareil récepteur. Il est facile ici d'observer, d'une manière directe, la nature et l'origine de l'éther mesmérien. Quand on coupe le nerf qui met le cerveau en communication avec l'organe condensateur, la faculté électrique disparaît complètement; le fluide ne pouvant plus se rendre au réservoir habituel s'écoule dans le milieu ambiant comme chez les autres poissons. On voit, du même coup, qu'il provient de l'axe cérébro-spinal, puisqu'il découle de l'encéphale dans le récipient par l'intermédiaire du nerf qui met en rapport ces deux organes.

Les poissons dont nous venons de parler sont-ils une exception dans la nature? Nous ne le pensons pas. On ne connait encore que d'une façon très imparfaite la faune aquatique. Dans une exploration au fleuve des Amazones, Agassiz recueillit dix-huit cents espèces nouvelles de poissons. Il est à présumer que la liste des animaux électriques s'accroîtra à mesure que nous connaîtrons mieux les innombrables êtres vivants qui peuplent les mers, les lacs et les rivières. S'il nous était permis d'exprimer toute notre pensée, nous dirions que la torpille, le gymnote, le silure et leurs congénères nous apparaissent comme les derniers représentants d'une ancienne faune électrique. N'oublions pas que dans les premiers âges géologiques de la planète, l'Océan, le sol et l'atmosphère étaient sillonnés par des courants d'électricité autrement puissants que ceux que nous voyons aujourd'hui. Or, ainsi que nous aurons occasion de le démontrer plus loin, il existe entre l'électricité ordinaire et l'électricité vitale, autrement dit fluide nerveux, une liaison telle que toute recrudescence de la première amène un développement anormal de la seconde. Peut-être, un jour, la paléontologie exhumera-t-elle des fossiles portant encore des traces d'un appareil condensateur. Peut-être aussi les recherches de l'anatomie comparée feront-elles découvrir, chez l'homme ou chez d'autres vertébrés, des vestiges d'organes atrophiés ayant jadis servi à des fonctions électriques. Du reste, le monde des insectes nous offre nombre d'espèces qui présentent, quoique sur une moindre échelle, des phénomènes analogues. Ces animaux font éprouver, quand on les touche, des commotions ou des engourdissements qui rappellent les secousses électriques. Il est donc permis de poser en principe que le jour où la faune terrestre sera suffisamment connue, l'éther mesmérien apparaîtra comme une conséquence immédiate et essentielle du mécanisme nerveux.

Les considérations que nous venons d'exposer, mettent sur la voie des phénomènes qu'on observe chez certaines personnes dites électriques. C'est d'ordinaire les jeunes filles touchant à la puberté qui présentent ce singulier état. Il est à présumer qu'il est dû, au moins en partie, au travail physiologique qui s'opère en elles à cette époque. Le genre de vie exerce aussi une certaine influence, car c'est surtout dans la classe ouvrière qu'on remarque ces jeunes filles. Aussi le nom de servantes électriques se rencontre-t-il fréquemment dans les livres des magnétiseurs. Les propriétés de l'éther mesmérien rendent compte de ce phénomène. Il résulte d'un dégagement anormal de fluide dû à une prédisposition physiologique, ou à toute autre cause. Par une sorte de balancement organique, encore inconnu dans son essence, l'électricité vitale paraît agir sur la femme, à l'inverse de l'électricité ordinaire. On sait que lorsque la foudre tombe sur un groupe de personnes des deux sexes, les femmes se trouvent rarement atteintes, tandis que les hommes sont presque toujours frappés. Vers 1846, au moment où le spiritisme allait entrer en scène, plusieurs jeunes filles électriques furent signalées en France, en Angleterre, aux Etats-Unis. Nous ne parlerons que d'Angélique Cottin, jeune paysanne de l'Orne, dont le nom eut un certain retentissement à Paris. Les détails qui suivent sont empruntés à M. de Mirville :

« Le jeudi, 15 janvier 1846, vers les huit heures du soir, Angélique Cottin, âgée de quatorze ans, tissait des gants de filet de soie, avec trois autres jeunes filles, lorsque le guéridon en chêne brut, servant à fixer l'extrémité de la trame, remua, se déplaça, sans que leurs efforts réunis puissent le maintenir dans sa position ordinaire. Elles s'éloignèrent effrayées d'une chose si étrange, mais les récits qu'elles en firent ne furent pas crus des voisins qu'avaient attirés leurs cris; deux d'abord, puis une troisième, sur les représentations des assistants, reprirent en tremblant leur besogne sans que le fait mentionné se reproduisit. Mais aussitôt qu'Angélique, imitant ses compagnes, eut repris sa trame, le guéridon s'agita de nouveau, dansa, fut renversé, puis violemment repoussé. En même temps, la jeune fille était entraînée irrésistiblement à sa suite; mais dès qu'elle le touchait, il fuyait plus loin… Effroi général… On désigne celui qui, le matin même, a jeté le sort. La nuit est calme. Le lendemain, on isole l'enfant du fatal guéridon, et, pour reprendre le travail, on fixe son gant à une huche pleine,—du poids de cent cinquante livres ; mais cet obstacle, opposé à l'action de la mystérieuse et terrible force, ne résiste pas longtemps. La huche est soulevée et déplacée, quoique la communication ne fût établie que par un simple fil de soie. On court au presbytère demander exorcismes et prières. Le curé rit d'abord, vérifie et renvoie aux médecins. Le lendemain, pelles, pincettes, tisons, brosses, livres, tout est mis en déroute aux approches de l'enfant ; des ciseaux, suspendus à sa ceinture, sont lancés en l'air sans que le cordon soit brisé, ni qu'on puisse savoir comment il a été dénoué. M. le curé garantit l'authenticité de ce détail, mentionné aussi dans le rapport de M. Hébert de Garnay. Ce fait, le plus remarquable, dit-il, par son analogie avec les effets de la foudre, a fait tout de suite penser que l'électricité devait jouer un grand rôle dans la production de ces faits étonnants ; mais cette voie d'observation fut de courte durée : ce fait ne se produisit que deux fois. M. de Farémont, propriétaire du voisinage, homme d'un caractère sérieux, respecté, ami des lumières et versé dans les sciences physiques, la conduit dans sa voiture aux médecins de Mamers ; les médecins, d'abord opposants, constatent le fait et se rendent.

« Le mardi 3, foule incessante. Ce jour, et les jours suivants, plus de mille personnes la visitent ; dans le nombre nous comptons presque tous les médecins du pays, des physiciens distingués, des pharmaciens, des avocats, des professeurs, des magistrats, des ecclésiastiques, etc., sans compter, plus tard, les graves savants de l'Académie des sciences, etc. »

Ces renseignements sont complétés par un extrait

de la lettre suivante, adressée par M. de Farémont à M. de Mirville, à la date du 1ᵉʳ novembre de la même année :

« Les phénomènes n'ont pas cessé depuis le printemps... j'ai vu, je vois et je verrai toujours, quand je le voudrais, les choses les plus curieuses et les plus inexplicables. Car voilà, Messieurs, la pierre d'achoppement, c'est que vos savants n'y comprennent rien, pas plus que moi. Ils auraient dû voir et étudier. Nous qui avons vu, nous croyons parce que tous les faits qui se passent sous nos yeux sont palpables et ne peuvent être réfutés en rien. Les gens qui se croyaient instruits baissent l'oreille et se taisent. Les masses disent que l'enfant est ensorcelée et non pas sorcière, car elle est trop simple pour qu'elles lui accordent cette dénomination. Quant à moi j'ai vu tant d'effets divers produits chez elle par l'électricité, j'ai vu, dans certaines circonstances, les bons conducteurs opérer et dans d'autres ne rien produire, de sorte que si l'on suivait les lois générales de l'électricité, il y aurait constamment le pour et le contre; aussi suis-je bien convaincu qu'il y a chez cette enfant une autre puissance que l'électricité. »

Le bruit qui se faisait autour d'Angélique Cottin étant arrivé à Paris, plusieurs physiciens se rendirent dans l'Orne pour étudier ces phénomènes. De ce nombre était Arago, Mathieu et Laugier, de l'Académie des sciences. Ils furent émerveillés, à leur tour, des faits qui se produisaient sous leurs yeux ; rentré à Paris, Arago n'hésita pas à porter devant l'Académie des sciences la question de la jeune fille électrique. La notoriété qui s'attachait au nom de l'illustre secrétaire perpétuel, détermina ses collègues à nommer une commission chargée de vérifier les faits extraordinaires qu'on leur annonçait; on vit alors la répétition de ce qui s'était passé plusieurs fois à l'Académie de médecine dans des circonstances analogues. Comme la plupart des hommes de science, les membres de l'Institut qui devaient procéder à l'enquête, n'ayant jamais étudié les effets du magnétisme, étaient persuadés d'avance qu'il y avait supercherie ou exagération dans les prodiges qu'on racontait au sujet d'Angélique Cottin. Dans une telle disposition d'esprit leur mission devait échouer. Les phénomènes qui se produisaient d'ordinaire autour de la jeune paysanne, n'eurent pas lieu ou ne s'accusèrent que faiblement. Ainsi que le fait judicieusement observer Du Potet, les enquêtes faites sur le magnétisme ont presque constamment échoué devant des commissions hostiles. Il suffit, en effet, de l'influence contraire émise involontairement par le fluide cérébral du spectateur pour neutraliser l'action de celui que le magnétiseur envoie sur le somnambule. Il en fut de même d'Angélique Cottin, car l'électricité qui se manifestait en elle n'était autre que l'électricité vitale, que j'ai appelé le fluide mesmérien. La commission s'inquiétant peu de donner un démenti au témoignage de plusieurs milliers de personnes, parmi lesquelles on comptait des savants de premier ordre, déclara, par l'organe de son rapporteur, que tous les propos qui circulaient sur Angélique Cottin ne reposaient sur aucun fondement. Cette conclusion sortie de l'Institut fit autorité sur l'opinion publique, et l'on ne prêta plus aucune attention aux autres jeunes filles électriques annoncées à la même époque par divers journaux.

Passons maintenant aux plantes électriques, si toutefois on peut donner ce nom à certaines espèces végétales douées d'une sensibilité extraordinaire. Une telle propriété implique l'existence d'un organe spécial analogue au tissu nerveux des animaux. Or, d'éminents botanistes ont cru reconnaître, dans les feuilles de quelques-unes de ces plantes, un tissu délicat qui paraît représenter une forme rudimentaire du système nerveux. Divers faits de sensibilité végétale qu'on observe dans nombre de plantes, telles que la sensitive, la dionée attrape-mouches, etc., s'expliqueraient ainsi d'une façon rationnelle. Ces espèces sont assez communes dans l'Amérique du Sud, où elles occupent souvent de grands espaces, et maintes fois il m'est arrivé, quand je traversai les hauts plateaux de la chaîne brésilienne des Orgues, de voir le guide, qui chevauchait devant moi, frapper de sa cravache les herbes du bord du sentier que nous suivions, et aussitôt le frémissement de se communiquer de proche en proche sur la surface entière de la savane, comme si toutes ces tiges se courbaient sous le souffle d'un vent mystérieux. On ne peut méconnaître dans ce phénomène l'action d'une sorte d'électricité vitale. Nul doute qu'une étude plus approfondie des espèces botaniques ne nous révèle l'existence de plantes présentant des propriétés réellement électriques, et voici ce que nous trouvons déjà dans *l'Année scientifique de* 1878 (1) :

« On a fait en Amérique cette curieuse découverte qu'une plante, la *Phytoloccea*, jouit de véritables propriétés électriques. Quand on coupe un rameau de cet arbuste, la main reçoit une secousse semblable à celle que ferait ressentir une machine électrique. Un physicien anglais a voulu constater le degré d'intensité de l'électricité ainsi émise. Une petite aiguille de boussole était influencée, à sept ou huit pas, par la plante, et cette influence était proportionnelle à la distance; plus on s'en approchait, plus les mouvements de l'aiguille étaient saccadés.

Quand la boussole fut placée au milieu du buis-

(1) *L'Année scientifique*, par Louis Figuier.

son, son aiguille se mit à tourner rapidement. On ne trouve aucune trace de fer ni d'autres métaux magnétiques dans le sol sous-jacent. Cette propriété appartient donc à la plante elle-même. Ajoutons que l'intensité du phénomène varie avec l'heure du jour. La nuit cette propriété ne se manifeste presque pas; elle atteint son maximum à deux heures après midi. La puissance augmente en temps d'orage. On assure qu'aucun oiseau, aucun insecte ne se pose sur la plante électrique. »

Nous répéterons, au sujet de ces plantes, ce que nous avons dit en parlant des animaux électriques. Il est à présumer que la liste des végétaux qui jouissent de ces propriétés s'enrichira de nouvelles espèces avec les progrès de la botanique, et qu'un jour il ne sera plus question de quelques plantes, mais d'une immense flore électrique. Certains faits semblent justifier cette hypothèse. Dans les montagnes du Wurtemberg, dit le docteur Kerner, on voyait souvent les vaches entrer subitement dans une agitation indescriptible, qui allait jusqu'à la fureur. Saisis du même vertige, les enfants couraient en toute hâte vers leurs habitations, et chose encore plus extraordinaire, les meubles, les ustensiles, éprouvaient, eux aussi, la mystérieuse influence, se remuaient, s'agitaient, s'éloignaient quand on voulait les saisir, témoignant ainsi par ces mouvements et cette répulsion qu'il s'agissait d'une action électrique. En même temps, ajoute le docteur Kerner, on observait chez la voyante de Prévorst une exaltation de sensibilité, qui doublait sa faculté de seconde vue.

Ces phénomènes doivent être attribués, croyons-nous, à l'électricité végétale de ces montagnes, dont l'action initiale pourrait bien être l'électricité ordinaire. On sait, en effet, qu'il existe une liaison si étroite entre ces deux agents de la vie planétaire, qu'ils semblent parfois s'engendrer l'un l'autre. Un second fait, assez commun aux Etats-Unis, donne une nouvelle force à cette manière de voir. Il se dégage parfois dans ce pays des quantités si grandes de fluide électrique, que pendant la nuit les buissons semblent devenir incandescents. Ce phénomène ne se borne pas aux campagnes, ils se manifestent aussi dans les villes. Les étrangers qui visitent New-York ou d'autres cités de l'Union sont quelquefois surpris de sentir un picotement aux doigts ou de voir jaillir une petite étincelle au moment où leurs mains touchent le bouton de cuivre d'une porte. Lorsqu'on songe que les Etats-Unis sont la terre classique des médiums et du spiritisme, on est porté à se demander si ce débordement du mesmérisme ne doit pas être attribué à une transformation de forces fluidiques, l'électricité humaine étant mise en branle par l'électricité végétale, tandis que celle-ci recevrait l'impulsion première d'un afflux d'électricité terrestre.

Des considérations qui précèdent, il ressort que l'éther mesmérien offre parfois certaines similitudes avec l'éther cosmique. Résumons en quelques mots ce qu'on sait sur sa nature afin de mettre en relief les analogies et les dissemblances que présentent ces deux fluides.

Disons d'abord qu'il est extrêmement regrettable que les physiologistes n'aient pas soumis l'éther mesmérien à une série d'expériences précises, pour vérifier les propriétés qu'on lui attribue et que nous ne connaissons que d'après le dire des magnétistes. Comme le fluide universel, il se meut avec la vitesse de la pensée, agit à de très grandes distances, traverse tous les corps, et rend les objets qu'il imprègne de ses effluves susceptibles d'attraction ou de répulsion. Mais ces phénomènes ne rappellent que de loin ceux de l'éther proprement dit. Il s'en distingue surtout par un moindre degré d'intensité et d'énergie. Le fluide nerveux possède, en outre, des propriétés spéciales qu'il tire de sa constitution atomique, et qui rendent compte de nombre de faits extraordinaires observés dans les diverses formes du mesmérisme, magnétisme, extase, sorcellerie, etc.

Le premier de ses caractères est la légèreté qu'il imprime aux corps. Ainsi s'expliquent les projectiles inoffensifs de la balistique spirite et de la balistique posthume. Les tables les plus massives soulevées par un enfant, les sorcières condamnées à êtres noyées ne pouvant s'enfoncer dans l'eau que sous l'effort de plusieurs hommes ; les médiums, les extatiques, les obsédés marchant dans les airs, ou s'élançant vers le sommet d'un arbre ou sur le toit d'une maison, à la façon des oiseaux. Un autre caractère est l'incombustibilité. Le feu est sans action, du moins au dire des magnétistes, sur les objets imprégnés d'effluves mesmérien, livres, vêtements, etc. On a vu également des personnes, sous l'influence du fluide, supporter l'épreuve de l'eau bouillante, d'un fer rougi, etc. Toutefois, nous croyons sage d'attendre de nouvelles expériences avant de prononcer définitivement sur ces faits étranges.

Citons encore comme trait saillant de l'éther nerveux la propriété de résider presque indéfiniment, dans les corps qu'il a traversés; de l'eau magnétisée qu'on avait renfermée dans des bouteilles conservait au bout de six mois son principe mesmérien. Les étoffes et autres objets portent longtemps les traces du fluide qui les a pénétrés. On peut ainsi se rendre compte des prodiges qui s'opèrent parfois sur les tombeaux des personnages vénérés dans les diverses religions, ou par le contact de reliques leur ayant appartenues. Les guérisons ainsi opérées sont rarement durables, mais elles n'en témoignent pas moins la présence et l'action du fluide thaumaturge. Cette propriété semble contredire ce que nous avons dit au sujet de la facilité avec laquelle l'éther traverse les corps pour agir instantanément à distance. Mais on peut, croyons-nous, expliquer cette anomalie, si l'on tient compte de la nature des molécules fluidiques sécrétées par l'appareil nerveux. Elles résultent d'un groupement des atomes chimiques qui constitue le tissu cérébro-spinal, hydrogène, oxygène, carbone, azote, phosphore, soufre, etc., pour ne parler que des principaux. Il est possible que les agrégats résultant de groupements si complexes ne soient pas tous homogènes ; les plus subtils traversent les murs pour transmettre leur action à distance, tandis que les autres, servant en quelque sorte de gangue aux premiers, s'arrêtent sur les vêtements du somnambule et dans l'atmosphère de la salle où se font les expériences magnétiques.

Nous terminerons ces considérations sur le fluide nerveux par l'examen rapide des causes qui le font surgir, et des divers modes de manifestations qui le révèlent.

Les causes sont très variées, et quelques-unes tenant à la constitution intime du sujet échappent à l'analyse. On peut poser en principe que toutes ont pour point de départ un travail mécanique s'accomplissant dans l'appareil nerveux. Le travail le plus habituel est celui de la pensée. On sait, d'après les récents travaux de la physiologie, que tout acte de l'entendement implique un ébranlement moléculaire du tissu cérébral. De là un dégagement de fluide d'autant plus abondant que l'action initiale, je veux dire la transformation des forces atomiques, est plus énergique. D'ordinaire, ce dégagement est trop peu considérable pour qu'il puisse accuser sa présence. Mais qu'une forte tension d'esprit agisse longtemps sur le cerveau, la quantité d'éther mise en mouvement sera assez grande pour amener les effets du mesmérisme. C'est ainsi que dans les passes magnétiques, une volonté soutenue force le fluide à se manifester. Quant aux causes extérieures, nous ne citerons que l'influence de l'électricité atmosphérique, et les procédés de la sorcellerie, sur lesquels nous reviendrons dans un chapitre spécial.

Les phénomènes du mesmérisme ne sont pas moins variés que les causes qui les produisent. Une idée fixe, de fortes préoccupations amènent le somnambulisme. Les pratiques de la vie ascétique engendrent les thaumaturges; le fluide du magnétiseur agissant sur le magnétisé a pour conséquence la somniloquie. Une prédisposition organique ou morale fait naître le médium. Certaines causes, encore mal définies, aboutissent aux faits étranges de l'obsession ou de la catalepsie. Des narcotiques, habilement préparés, ont pour résultat tantôt les rêveries, tantôt les réalités de la sorcellerie. Chaque fois on voit cette personnalité mystérieuse, que nous avons appelé l'homme-interne, se dessiner et grandir à mesure que le fluide devient plus abondant et plus actif, preuve irrécusable de l'étroite parenté qui unit ces deux agents psychologiques.

Les chapitres qui suivent sont consacrés à l'exposition sommaire de ces divers prodiges.

CHAPITRE VI

L'éther mesmérien et la personnalité qu'il engendre. — Le somnambule. — Le somniloque. — Le voyant.

Le somnambulisme, proprement dit, est le plus anciennement connu des effets du mesmérisme. Quelques mots sur ce curieux phénomène.

Que doit-on entendre par somnambule? L'étymologie nous apprend que c'est une personne qui marche en dormant. Cette définition paraît assez juste au premier abord, mais on s'aperçoit bientôt qu'elle n'est pas générale et a besoin d'être complétée. Un somnambule ne marche pas toujours, et on observe souvent en lui des faits non moins singuliers que la promenade nocturne. Essayons par l'analyse de quelques exemples, choisis et authentiques, de préciser les principaux modes d'action que présente le somnambulisme. L'étude de ces diverses manifestations nous permettra de nous faire une idée de sa nature et de son origine.

Burdach prétend que le somnambulisme est plus fréquent chez l'homme que chez la femme, bien que l'organisation nerveuse de cette dernière dut faire supposer le contraire. Tout ce que je puis dire à cet égard, c'est que la plupart des faits qu'on m'a racontés à ce sujet se rapportaient à des femmes. Le même physiologiste pense qu'on n'observe jamais le somnambulisme dans les enfants et les vieillards. Cette manière de voir se comprend chez celui qui touche au terme de sa carrière et dont la sensibilité est émoussée par l'âge, mais on ne saurait l'admettre pour l'enfant, et, en effet, de nombreux témoignages attestent le contraire. Je n'en citerai qu'un exemple, qui vient de se passer à la Bastide-de-Sérou, au moment où j'écris ces lignes (fin novembre 1879). Voici en quelques mots ce récit; c'est le père qui parle :

« Vous connaissez le plus jeune de mes fils, le petit Léon, à peine âgé de onze ans; vous savez que c'est un garçon intelligent, studieux, s'appliquant avec ardeur à tout ce qui l'intéresse. Depuis quelques mois, nous avions aperçu en lui des symptômes non équivoques de somnambulisme. Il se levait au milieu de la nuit, dans un état d'agitation extraordinaire, et sautait à bas du lit, criant et gesticulant comme s'il eût poursuivi un agresseur. Voulant prévenir tout accident, je le faisai coucher avec son frère aîné Pierre, qui le retenait et le calmait par de douces paroles chaque fois qu'un accès le reprenait. Dernièrement, au milieu de la nuit, Pierre l'entend parler d'une carriole qu'il se propose de construire, du bois nécessaire à cet effet, des outils qu'il faut employer, etc. Comme il nous voit chaque jour travailler le fer et le bois, son imagination est naturellement pleine de ces objets. Pensant qu'il était éveillé, Pierre lia conversation avec lui sur le sujet qui le préoccupait. Tout à coup, le petit Léon lui dit d'aller chercher des haches pour abattre les arbres qui doivent fournir le bois de sa carriole. Pierre comprend alors que son frère est en somnambulisme, et essaye de le calmer en lui promettant de lui donner un sou, s'il reste tranquille.

« — Où as-tu ce sou ?

« — Je l'ai placé sur la table.

« Au même instant et avant que Pierre eût le temps de le retenir, le petit Léon saute à bas du lit, va droit à la table prendre le sou et dit qu'il ne le trouve pas. Sa mère, qui couchait dans la même chambre, l'ayant entendu, se lève aussitôt pour y en déposer un. L'enfant le saisit, et ses pensées prenant alors une autre direction, il songe à son frère Jérôme, qui fait aujourd'hui son tour de France. « Donnez-« moi, dit-il, du papier et une plume, je veux écrire « à Jérôme. » Dans l'intervalle, on avait allumé la bougie, et nous nous étions levés pour être témoins de cette crise. Nous lui présentons du papier et une plume ; et saisissant aussitôt cette dernière, il écrit très distinctement le mot *Jérôme*, les yeux fermés et la tête tournée vers nous, plutôt que vers le papier.

« — Tu devrais aussi écrire à ta sœur Marie, lui dit Pierre.

« Il n'est pas inutile d'ajouter que Marie était au milieu de nous et à côté de lui.

« — Tu as raison, répond le petit Léon, je vais aussi écrire à Marie.

« Et il se met en devoir de tracer ce nom.

« — Mais tu t'es trompé, observe Pierre, tu as écrit *Maire*.

« — C'est vrai, j'ai fait erreur, et il écrit de nouveau le nom de sa sœur. Cette fois, il orthographie ce mot d'une manière correcte, tenant toujours les yeux fermés, et la tête tournée vers nous.

« Comme ses mouvements étaient saccadés et presque convulsifs, je ne voulus pas que cette scène se prolongeât plus longtemps, et je l'amenai dans mon lit en le caressant par de bonnes paroles. Il se rendormit au bout de quelques instants, et à son réveil, il n'eut aucun souvenir de ce qui s'était passé. »

Je n'analyserai pas les diverses circonstances de ce récit. Bien que le somnambulisme s'y trouve nettement accusé, je préfère citer d'autres exemples dans lesquels les caractères qui lui sont propres se dessinent d'une manière plus large. J'ajouterai seulement que j'ai appris de nouvelles particularités relatives au petit Léon. Le somnambulisme s'est déclaré en lui à la suite d'un accident qui lui causa une grande frayeur, et on a remarqué que lorsqu'il couche avec sa mère ou sa sœur, il est moins agité que quand il se trouve dans le lit de son frère. Cette circonstance implique l'action du fluide vital d'une personne sur une autre. Elle indique en même temps que ce fluide agit avec moins d'énergie quand il émane d'une femme, surtout lorsqu'elle est avancée en âge, car le petit Léon se trouve plus calme auprès de sa mère qu'auprès de sa sœur.

Le fait suivant s'est passé dans les premières années de ce siècle, à Saint-Jean-de-Verges, petit village des environs de Foix. Il m'a été raconté par la fille de Mme L..., l'héroïne du récit :

« Mme L... était encore jeune fille, et s'occupait chez elle des soins du ménage. Le lendemain on devait célébrer la fête locale, et toute la journée fut consacrée aux préparatifs. Mais quelque diligence que mit Mme L... dans ses apprêts, le temps lui manqua pour nettoyer sa batterie de cuisine. Elle alla se coucher, se promettant de se lever de bon matin pour accomplir cette besogne. Au milieu de la nuit, elle quitte son lit, descend à la cuisine, place ses casseroles dans une corbeille, et les porte à quelque distance de la maison sur les bords de l'Ariège, à l'endroit où elle venait laver d'ordinaire ses ustensiles de ménage. Les casseroles nettoyées, elle reprit le chemin de la maison, remit tout en place, et regagna son lit. Le lendemain elle se leva, comme elle se l'était promis, de bonne heure, pour préparer sa batterie de cuisine. Trouvant la besogne toute faite et ne pouvant s'expliquer ce prodige, elle alla le raconter à ses parents. Ceux-ci lui répondirent qu'ils l'avaient entendue pendant la nuit descendre de sa chambre, entrer dans la cuisine, décrocher les casseroles et les placer dans une corbeille ; puisqu'elle avait ouvert la porte de la maison, et s'était dirigée du côté de la rivière. Ils l'avaient laissée faire pensant qu'elle était éveillée et que le jour approchait. Au bout d'une heure environ, ils l'avaient entendue rentrer à la cuisine, accrocher les casseroles et remonter dans sa chambre. Dès lors, le prodige s'expliquait de lui-même. Elle avait nettoyé ses ustensiles dans un accès de somnambulisme. »

Deux faits principaux se dégagent de ce récit. Nous voyons Mme L... préoccupée d'une chose : nettoyer sa batterie de cuisine. Ne pouvant faire cette besogne dans la journée, elle est forcée de la remettre au lendemain ; elle s'était couchée avec l'intention bien arrêtée de se lever de grand matin pour terminer cette opération avant que la fête commençât. Une idée fixe la dominait et dirigeait toutes les forces de son esprit vers un but déterminé. C'est là le premier caractère qu'on observe dans le somnambulisme.

En second lieu, si nous suivons Mme L... pas à

pas, nous la voyons accomplir la tâche qu'elle s'est donnée de la même façon que si elle l'eût faite en plein jour. Les yeux étaient-ils ouverts ou fermés ? Je l'ignore, mais peu importe. Les deux cas se présentent également dans le somnambulisme. Mais lorsqu'un somnambule a les yeux ouverts, ils sont fixes, immobiles, insensibles à la lumière, par conséquent incapable de voir. Mme L..., marchant d'un pas assuré dans l'obscurité, maniant ses ustensiles avec sa dextérité ordinaire, terminant sa besogne sans encombre était guidée par une optique intérieure qui remplaçait la vue et dirigeait ses actions d'une manière aussi sûre que si elle eût été éveillée.

Nous pouvons tirer une autre conséquence de ce récit. Mme L... n'était pas naturellement somnambule, car on n'a jamais observé chez elle aucun autre fait de ce genre. Elle l'était devenue accidentellement une seule fois, sous l'impulsion d'une idée fixe. Qu'une forte préoccupation domine une personne plusieurs jours de suite, et les accès de somnambulisme pourront se répéter. Tel est l'exemple suivant ; il s'est passé à Pamiers, il y a une quarantaine d'années, et m'a été raconté par une sage-femme, Mlle S..., qui en avait été témoin.

Cette demoiselle s'était rendue à Pamiers pour faire ses études médicales. Elle alla loger chez une femme qui avait trois autres pensionnaires, jeunes filles comme elle. On était aux approches de l'hiver, époque à laquelle on engraisse les oies, et la maîtresse du logis se levait chaque matin de bonne heure pour gorger les siennes. Un jour elle vint dire tout attristée à ses pensionnaires que les oies étaient malades, qu'elle n'avait pu leur faire prendre de la nourriture, attendu que le jabot se trouvait encore plein de maïs qu'elle leur avait donné la veille. Elle se consola un peu le soir en voyant que le grain avait été digéré dans la journée. Mais le même fait s'étant reproduit le lendemain et les jours suivants, notre ménagère s'inquiéta de plus en plus. Une pensionnaire ayant cru entendre du bruit pendant la nuit, conçut quelques soupçons de somnambulisme et prévint ses compagnes. Toutes quatres se mirent en mesure de vérifier le fait, et la nuit suivante le même bruit s'étant reproduit, elles se levèrent, allèrent visiter les oies et trouvèrent la maîtresse du logis en train de les gorger. Elles l'éveillèrent, et grand fut son étonnement quand elle se vit prise en flagrant délit de somnambulisme. Vers la même époque, une autre femme de Pamiers, qui tricotait des gilets de laine, trouvait quelquefois en se levant son travail plus avancé qu'elle ne l'avait laissé la veille. Après maintes recherches inutiles, ses voisines s'aperçurent qu'elle était somnambule et qu'elle se levait la nuit pour travailler à ses gilets, dans l'obscurité la plus profonde.

On peut appliquer à ces deux cas de somnambulisme les réflexions que j'ai faites au sujet de Mme L...; la ménagère qui se levait la nuit pour gorger ses oies, et celle qui allait travailler à son tricot, n'étaient somnambules qu'accidentellement et n'arrivaient à cet état que sous le coup d'une grande préoccupation. La dextérité avec laquelle elles accomplissaient leur tâche, indique que leurs membres obéissaient à une force interne, intelligente, qui les guidait d'une façon aussi sûre que celle qui les dirigeait étant éveillées.

Lorsque la tension d'esprit qui provoque le somnambulisme agit chez un homme d'étude, on observe des faits encore plus surprenants que ceux qui précèdent. On a vu des écoliers se lever la nuit pour composer leur devoir du lendemain, des mathématiciens trouver la solution de problèmes qu'ils avaient en vain cherchée la veille, des personnes étrangères à la poésie improviser des pièces de vers d'un style et d'une facture irréprochables, etc. Les traités de physiologie sont pleins de récits de ce genre.

La logique la plus rigoureuse semble présider à tous les actes qu'accomplissent les somnambules d'occasion. Il n'en est pas toujours de même chez les somnambules naturels. Burdach avoue, dans son *Traité de Physiologie*, que ces derniers font quelquefois des choses contraires à la raison. Il cite à ce sujet un exemple qui lui est personnel. De dix-huit à trente ans, il fut sujet à des accès de somnambulisme. Un matin, en s'éveillant, il se trouva sans chemise. Personne n'étant entré dans la chambre, il ne pouvait attribuer qu'à lui-même ce fait étrange, mais qu'avait-il fait de l'objet disparu. Toutes ces recherches demeurèrent inutiles, et ce ne fut que quelque temps après qu'il trouva sa chemise roulée et placée dans l'armoire d'une chambre voisine. Les promenades nocturnes de certains somnambules sont tout aussi inexplicables. On en a vu marcher sur les bords des toits, d'autres sauter de poutre en poutre avec une précision merveilleuse. Si d'aventure ils tombent, la chute n'est pour eux qu'une espèce de saut, car ils se trouvent toujours, en touchant le sol, dans la position que prendrait l'acrobate le mieux exercé. Place-t-on des obstacles sur leur passage, ils les écartent comme ils le feraient en plein jour, preuve manifeste qu'ils possèdent en eux une force intelligente qui les guide et les met en mouvement, comme la locomotive entraîne et dirige le convoi auquel elle est rivée. —

Il est à remarquer que les somnambules ne conservent aucun souvenir de leurs exploits nocturnes, et chose singulière, ils racontent ce qu'ils ont fait lorsqu'on les interroge pendant le sommeil suivant. On dirait qu'il existe en eux une seconde personnalité qui ne se révèle que pendant le somnambulisme, et n'a aucun rapport avec la personnalité ordinaire. Burdach raconte à ce sujet une anecdote très curieuse. Un de mes amis, dit-il, apprit un matin que sa femme avait été vue pendant la nuit sur le toit de l'église. A midi, lorsqu'elle fut endormie, il lui demanda en dirigeant ses paroles vers la région épigastrique, de lui donner des détails sur sa course nocturne. Elle en rendit compte d'une manière complète et dit, entre autres choses, qu'elle avait été blessée au pied gauche par un clou saillant à la surface du toit. Après son réveil, elle répondit affirmativement, mais avec surprise, à la question qui lui fut adressée pour savoir si elle ressentait de la douleur à ce pied ; mais lorsqu'elle y découvrit une plaie, elle ne put s'expliquer quelle en était l'origine.

Des faits que je viens de passer en revue on peut tirer les conclusions suivantes :

1° Le somnambulisme, spontané chez quelques individus, est à l'état latent chez tous les autres. Dans ces derniers on ne l'entrevoit qu'imparfaitement, mais il peut atteindre toute son ampleur sous l'influence d'une forte tension d'esprit, d'une commotion morale ou d'autres causes physiologiques. Ces manifestations fréquentes, mais incomplètes, dans l'enfance, s'accusent mieux pendant la jeunesse, puis diminuent avec l'âge et semblent s'éteindre chez le vieillard.

2° Les choses extraordinaires qu'accomplit le somnambule, notamment dans le domaine intellectuel, accusent en lui l'existence d'une force active et intelligente, c'est-à-dire d'une personnalité interne. Cette personnalité semble complètement différente de la personnalité ordinaire, et paraît avoir pour siège les ganglions nerveux de la région épigastrique, ainsi qu'on l'a vu pour la somnambule citée par Burdach, et comme nous le retrouverons d'une manière plus tranchée et plus précise dans d'autres manifestations du mesmérisme. On s'explique ainsi pourquoi le somnambule ne reconnait pas la voix des personnes qui lui sont les plus famillières, et ne conserve aucun souvenir de ce qui s'est passé pendant son sommeil. On se rend compte de la même manière de ce fait, qu'on a jamais observé en lui aucun acte immoral, comme si son mystérieux guide était affranchi des liens de l'animalité.

3° La personnalité qui apparaît dans le somnambulisme révèle une intelligence égale, parfois même supérieure à celle de la personnalité ordinaire. Mais comme cette dernière, elle a aussi son équation personnelle, ses obscurités, ses défaillances. Pour me contenter d'un exemple, je rappellerai ce somnambule, cité par Burdach, qui, après avoir mis ses bottes, montait à califourchon sur une fenêtre, et donnait de l'éperon contre le mur pour faire avancer un coursier imaginaire.

4° Le somnambulisme est dû à un dégagement anormal du fluide nerveux ; plusieurs causes peuvent amener ce résultat : frayeur, grande tension d'esprit, exubérance de la jeunesse, etc., en un mot tout ce qui tend à rompre l'équilibre des fonctions physiologiques dont le système nerveux est le siège. Lorsque le fluide est peu abondant, les effets du somnambulisme ne s'accusent que d'une façon obscure et paraissent se confondre avec ceux du rêve. Mais dès qu'il se dégage en quantité convenable, on voit aussitôt apparaître la personnalité interne, et le somnambule offre alors les caractères d'un homme éveillé, car il a en lui un guide qui possède toutes les énergies de l'intelligence et du mouvement.

Ce que je viens de dire du fluide thaumaturge et de la personnalité qu'il fait surgir, sera confirmé par l'étude des autres effets du mesmérisme.

Passons maintenant à l'examen des phénomènes qu'on observe dans le sommeil magnétique.

Lorsque le fluide nerveux qui agit sur un individu émane d'une autre personne, il se produit un nouvel ordre de faits. Le patient soumis à l'action des passes magnétiques s'endort, puis devient clairvoyant et répond aux questions qu'on lui adresse. En d'autres termes, il est *somniloque*. On lui donne, par analogie, le nom de somnambule, expression impropre qui prête à l'équivoque. Mais l'usage a prévalu, et à côté du somnambulisme naturel est venu se placer le somnambulisme magnétique, autre dénomination impropre et sanctionnée également par l'habitude

C'est en 1784 que le somnambulisme magnétique fut aperçu, pour la première fois, par un disciple de Mesmer, M. de Puységur. Cette découverte fut, comme tant d'autres, l'effet du hasard. Le jardinier de M. de Puységur, Victor Rass, étant tombé malade, son maître se mit en devoir de le magnétiser. Après quelques passes, M. de Puységur, voyant qu'il avait les yeux fermés, lui demanda s'il dormait. Grande fut sa surprise lorsqu'il l'entendit répondre et lier conversation avec lui au sujet de sa maladie. Victor Rass lui indiqua les organes où était le siège du mal et les remèdes qui devaient le guérir. M. de Puységur s'aperçut que le malade était tombé dans un état physiologique nouveau, qu'il assimila au somnambulisme. Sa découverte fut bientôt répandue, et le somnambulisme étudié sous toutes ses faces. Je n'entrerai dans aucun détail sur la manière dont il se produit, ni sur les effets qu'on en obtient. Ce sont là des choses connues aujourd'hui de tout le monde, et d'ailleurs étrangères à mon sujet. Je me contenterai d'analyser quelques-uns de ses caractères les plus essentiels, tels que les a révélés la pratique de près d'un siècle.

Le premier phénomène qu'offre le sommeil magnétique est la modification que la plupart des somnambules éprouvent dans leur système nerveux. La sensibilité est entièrement abolie. Le patient n'entend que la voix du magnétiseur et celle des personnes que ce dernier a mis en rapport avec lui. Sa surdité est complète pour tous les bruits qui se produisent, quelque intensité qu'on leur suppose. Dans une expérience faite à Paris, un incrédule tira un coup de pistolet près de l'oreille d'une somnambule. Celle-ci n'entendit rien. L'insensibilité n'est pas moins grande aux autres parties du corps. On peut enfoncer des aiguilles dans les chairs, sans que le patient éprouve la moindre douleur. Il ne ressent les souffrances qu'à son réveil. On a pratiqué les opérations chirurgicales les plus douloureuses sur les magnétisés, et ceux-ci n'ont appris ce qui s'était passé qu'après être sortis de leur sommeil. Avant la découverte du chloroforme les hommes de l'art n'avaient à leur disposition que ce moyen pour abolir la souffrance pendant qu'ils opéraient, et nombre de médecins s'en servent encore aujourd'hui. Cette insensibilité rappelle celle que nous avons vu se produire au moment où une personne va se dédoubler. C'est le premier point de ressemblance qui rattache les phénomènes du somnambulisme à ceux du dédoublement.

Le second caractère du sommeil magnétique est

la lucidité qu'on observe chez les somnambules. Toutes les personnes magnétisées sont loin d'arriver à cet état. Ici, comme partout ailleurs, les phénomènes qui se présentent suivent une échelle ascendante, dont les termes extrêmes sont, si j'ose m'exprimer ainsi, zéro et l'infini. Certains sujets se montrent complètement rebelles au magnétisme, tandis que d'autres s'endorment dès les premières passes. Ceux qui tombent dans le sommeil n'arrivent pas toujours au somnambulisme. Ce phénomène ne se manifeste qu'insensiblement; d'ordinaire il faut plusieurs séances avant que les premiers symptômes apparaissent. Par contre, des individus insensibles, aujourd'hui à l'action magnétique, peuvent la subir plus tard, et *vice versa*. La maladie, et plus généralement toute cause qui affaiblit le tempérament pour faire prédominer la sensibilité nerveuse, prédispose à l'influence magnétique. C'est pour cette dernière raison que le somnambulisme se montre plus fréquemment chez la femme que chez l'homme. Inutile d'ajouter que tous les sujets ne sont pas également lucides. Quelques natures privilégiées arrivent à une clairvoyance extraordinaire, mais cette clairvoyance, loin de s'appliquer à toute chose, comme on l'avait cru d'abord, ne sort pas de certaines limites que je tracerai tout à l'heure.

L'application la plus immédiate et la plus curieuse

de la lucidité magnétique, est dans les diagnostic et le traitement des maladies. Si le somnambule est souffrant, il voit, avec une sagacité merveilleuse, l'organe qui est le siège du mal, prédit longtemps à l'avance le retour des crises, en fixe la durée et annonce le jour, l'heure et la minute précise où elles doivent se montrer. En même temps, il indique les remèdes les plus convenables pour combattre la maladie, et fait connaître l'époque de sa guérison. Tous les médecins qui ont observé ces faits avouent que ces prescriptions n'offrent rien de contraire aux principes de la science médicale. Parfois on remarque des coïncidences singulières. Une malade ayant consulté une somnambule, celle-ci conseilla l'usage du lait d'une chèvre dont on aurait frotté les mamelles avec de l'onguent mercuriel. Quelques jours auparavant, Dupuytren avait ordonné le même remède. Les somnambules montrent un discernement analogue à l'égard des malades que le magnétiseur met en rapport avec eux. Il est à regretter que les médecins, au lieu de chercher dans le magnétisme un puissant auxiliaire, ne voient en lui qu'une duperie qu'ils doivent laisser aux charlatans.

Nous retrouvons donc dans le somniloque les caractères que j'ai d'écrits au sujet du somnambule proprement dit. Sous l'action du fluide nerveux, la personnalité ordinaire semble abolie, et l'on voit surgir à sa place la personnalité mesmérienne.

Quand les phénomènes du sommeil magnétique sont mal accusés, il est souvent difficile de reconnaître la physionomie de cette dernière, et l'on ne sait trop à qui il convient de rapporter les réponses du somniloque. Mais dès que les effets du magnétisme atteignent toute leur ampleur, le doute n'est plus permis. C'est bien la personnalité mesmérienne qui est en jeu. Elle se présente avec des caractères propres qui la différencie nettement de la personnalité cérébrale. Le sujet magnétique ne reconnaît pas la voix des personnes qui lui sont familières si le magnétiseur ne les met pas en rapport avec lui ; à son réveil il n'a plus conscience de ce qu'il a fait. Comme le somnambule naturel, il est d'une susceptibilité extrême pour tout ce qui touche à la morale ou à la pudeur, et ne craint pas de rappeler à la bienséance les personnes qui échangent à voix basse des propos malhonnêtes. Interrogé sur des questions qui le concerne, il lui arrive parfois de parler de lui comme d'un individu avec lequel il n'aurait aucun rapport. Il s'exprime à la troisième personne, et raconte ses propres défauts comme il le ferait d'un étranger. En d'autres termes, la personnalité qu'a fait surgir le fluide mesmérien est entièrement distincte de l'individu qu'on vient de soumettre aux passes magnétiques. Si on demande au mystérieux interlocuteur quel est son nom, il ne sait que répondre, il balbutie comme un enfant de trois ans qu'on interrogerait sur son origine. C'est une statue qu'une puissance surnaturelle vient d'animer pour un instant du souffle de la vie. Deleuze cite l'exemple d'une femme nommée Adélaïde, qui, lorsqu'elle entrait en somnambulisme, ne répondait plus à ce nom ; elle déclarait qu'elle s'appelait *Petite*, et parlait d'Adélaïde comme d'une personne tout à fait étrangère. On en a vu d'autres se dire un démon, un esprit, l'âme d'un défunt. Nous retrouverons des faits analogues chez les médiums et les obsédés.

L'individualité qui apparaît dans le sommeil magnétique offre un autre trait distinctif non moins remarquable que le précédent, et qui achève de la différencier de l'individualité ordinaire. Tandis que celle-ci a son siège dans l'encéphale, la première semble localisée dans le faisceau de ganglions nerveux nommés *plexus-solaire*. Dans certains cas, en effet, la voix du somniloque paraît sortir de l'épigastre comme si le fluide mesmérien animait cette région riche, comme on sait, en filets nerveux, et l'on observe un dualisme marqué entre le somnambule, proprement dit, et le personnage épigastrique. J'aurai occasion de revenir sur ce fait fréquent dans les obsédés et qu'on a remarqué également chez divers cataleptiques, qui ne perçoivent les sons que par le plexus-solaire. Toutefois, c'est, croyons-nous, dans le sommeil magnétique que ce phénomène atteint le plus d'ampleur, et qu'il est plus facile à étudier. Au début, il y a comme lutte entre la personnalité cérébrale et la personnalité épigastrique. Le somnambule, prié de lire quelques lignes contenues dans un papier qu'on lui présente, ne sait trop à qui il doit s'adresser. Il porte alternativement le papier sur le front et sur l'épigastre, et c'est d'ordinaire au contact ou au voisinage de ce dernier organe que la lecture a lieu. Lorsque, par suite d'une prédisposition du sujet ou d'un afflux considérable de fluide, l'individualité mesmérienne acquiert toutes ses énergies, il se produit un autre phénomène assez fréquent dans les annales du magnétisme. C'est le dédoublement. Le personnage épigastrique, se sentant assez fort pour briser les liens de sa prison, s'échappe, et le somnambule tombe en extase, il devient sourd à la voix du magnétiseur. Ce n'est plus qu'un corps inerte complètement étranger au monde qui l'entoure. La vie l'a abandonné, et c'est en vain que l'opérateur exécute des passes pour l'y faire rentrer. Cette léthargie dure quelquefois plusieurs heures. Quand le somnambule reprend ses sens, il parle de visions extraordinaires, de voyages lointains qui rappellent les récits des extatiques ou des sorcières revenant du sabbat.

Un dernier caractère de l'individualité que fait naître le sommeil magnétique, est que sa lucidité n'est pas toujours de bon aloi. Elle offre souvent des taches, des lignes noires, des obscurités, qui font qu'on ne peut jamais avoir une foi entière dans les réponses du somniloque. Même dans le diagnostic et le traitement des maladies, qui semblent son domaine propre, la clairvoyance magnétique est parfois en défaut. J'ai vu, raconte du Potet, des somnambules me dire, à côté de vérités incontestables, des mensonges inexplicables. Deleuze va plus loin, et ne craint pas de poser en principe que sur cent personnes qui vont consulter des somnambules, quatre-vingt-quinze s'en retournent mécontentes. Ce tissu d'intuition entrecoupé d'erreurs qui sera toujours l'écueil du magnétisme et l'a mis en discrédit, s'observe, ainsi qu'on la vu, quoique d'une manière peut-être moins tranchée, chez le somnambule naturel. Nous le retrouverons dans les tables parlantes et les médiums.

A quelle cause peut-on attribuer les lignes obscures qui se font jour si fréquemment à travers la clairvoyance magnétique, même chez les sujets les plus lucides. Voici, croyons-nous, les plus importantes.

D'abord, l'équation personnelle du magnétiseur. Son influence sur le somnambule est telle que l'entendement de ce dernier reflète, d'une manière inconsciente, la pensée du maître qui le subjugue. Si donc le magnétiseur a une idée arrêtée sur une question posée au somniloque, elle se traduira infailliblement dans la réponse de celui-ci. Entre plusieurs exemples, à l'appui de ce fait, je citerai le suivant :

Un riche Brésilien, de la province de Rio-Janeiro, le baron d'Uba, se trouvant à Paris, dans les années qui suivirent la révolution de 1848, fit connaissance avec le baron du Potet, et devinta ssez habile dans la pratique du magnétisme. Son fils, étant tombé dangereusement malade, et voyant que le mal ne faisait qu'empirer, bien qu'il l'eût confié aux soins d'un des premiers médecins de la capitale, il craignit pour ses jours et manda près de lui le jeune Alexis, qui jouissait, à cette époque, d'un grand renom de lucidité comme somnambule. Le baron d'Uba l'avait consulté plusieurs fois sur différents sujets, et avait toujours été satisfait de la justesse de ses réponses. Après l'avoir endormi il lui demanda si son fils guérirait. « Non », répondit Alexis. Cependant l'enfant guérit et était plein de vie lorsque son père me raconta cette anecdote. Ce dernier n'était nullement surpris de voir qu'Alexis avait été en défaut, car il avouait que l'orsqu'il l'interrogea, il ne croyait pas à la guérison de son fils, et qu'il s'attendait à une telle réponse. En d'autres termes, l'idée fixe du magnétiseur était passée dans le cerveau du magnétisé.

Souvent l'équation personnelle du somnambule vient s'ajouter à celle du magnétiseur, et alors les réponses qu'il donne s'éloignent encore davantage de la vérité. En 1870, me trouvant à Bordeaux, quelques jours avant le désastre de Sedan, je rencontrai un de mes amis que je savais s'occuper de magnétisme, et lui demandai, sans attacher autrement d'importance à ma question, s'il avait consulté quelque somnambule sur l'issue de la guerre.

— Certainement, dit-il; j'ai à ma disposition un sujet très lucide, et je lui ai posé la question.

— Qu'a-t-il répondu?

— Il m'a dit que les Français seraient à Berlin avant que les Prussiens arrivent devant Paris.

Cette réponse me parut un peu risquée, car il était aisé de voir que nos armées ne prenaient nullement le chemin de la Prusse, à plus forte raison celui de Berlin. Les défaites successives que nous venions d'essuyer avaient révélés la forte organisation des troupes allemandes, leur supériorité numérique, la puissance de leur artillerie, et les gens qui savent réfléchir ne se faisaient guère d'illusions sur l'issue de la campagne. Il était donc facile pour un somnambule d'une lucidité même médiocre de saisir l'enchaînement des faits qui se déroulaient depuis six semaines, et de tirer un horoscope plus conforme à la vérité. Comment celui dont je viens de parler et qui avait une grande réputation de clairvoyance était-il tombé dans une si grave erreur? Rien de plus simple à expliquer. Le maître et le sujet étaient tous deux d'anciens militaires, et il ne pouvait entrer dans leur tête de vieux soldats que les aigles françaises fussent humiliées par les aigles prussiennes, au point de voir ces dernières planer sur Paris. La réponse du somnambule ne pouvait être que l'idée fixe qui dominait à la fois le cerveau du magnétiseur et celui du magnétisé.

Supposons maintenant que le maître et le sujet soient tous deux exempts d'équation personnelle. Quel degré de lucidité devra-t-on accorder au second?

Avant d'aborder cette question, examinons ce qu'il faut entendre par clairvoyance magnétique. Généralement on peut, croyons-nous, la définir : la vue à distance. Vous présentez au somnambule un objet ayant appartenu à une personne qui habite Londres, tandis que vous êtes à Paris, et vous le priez de se mettre en communication avec elle, afin de vous donner de ses nouvelles. C'est un fil télégraphique qu'il s'agit d'établir entre deux stations, ayant pour piles électrique : l'une l'appareil nerveux du somniloque, l'autre celui de la personne avec laquelle on le met en rapport, et pour véhicule, le fluide qu'ils dégagent. Ce fluide forme autour de chacun d'eux une atmosphère dont les ondulations s'étendent très loin, à raison de la subtilité de l'atome mesmérien. Celle du sujet magnétique, beaucoup plus active que l'autre, va en quelque sorte au-devant de cette dernière, la rencontre, et la communication s'établit aussitôt entre les deux pôles. On voit maintenant les conditions que doit remplir le système télégraphique, pour qu'il donne des résultats précis. Le somnambule se montrera d'autant plus lucide, que sa sensibilité sera plus exquise, je veux dire plus apte à percevoir le contact des ondes éthérées parties du pôle opposé, que ces ondes seront mieux marquées, que la distance entre les deux stations sera plus courte. Ajoutons que pour que la dépêche n'éprouve aucune interruption, et se trouve à l'abri des points obscurs qui en altèrent le sens, il faut que le fil électrique ne soit traversé par aucun courant contraire de source mesmérienne. C'est pour tenir compte de ces courants perturbateurs, qu'au début vous présentez au somnambule un objet appartenant à la personne avec laquelle vous le mettez en rapport. Cet objet, imprégné des effluves de son propriétaire, agit, si j'ose dire, sur le sujet magnétique à la façon des traînées du gibier sur le chien d'arrêt. Dès qu'à leur contact, il a reconnu la nature du fluide spécial à celui qu'on lui désigne, il suit sa trace et distingue son onde au milieu des innombrables vibrations éthérées qui se croisent autour de lui.

Les annales du magnétisme abondent en récits de vues à distance, accusant de la part du somnambule une lucidité parfois merveilleuse. Je me contenterai de citer le suivant, qui m'est personnel :

Au mois de juillet 1870, j'étais à Cauterets, lorsque éclata la guerre. Deux ou trois jours après, quelqu'un de ma connaissance qui se trouvait à Paris, et à qui je venais d'écrire, ayant eu occasion d'assister à une séance magnétique, présenta ma lettre à la somnambule et la pria de lui donner de mes nouvelles. Elle répondit, après m'avoir cherché quelques instants, qu'elle me voyait dans une chambre du second étage dont elle fit la description, assis devant une table, occupé à lire un journal. Elle ajouta que ma physionomie paraissait soucieuse. Toutes ces indications qu'on me transcrivit aussitôt se trouvèrent exactes. L'anxiété qu'elle avait remarquée sur ma figure n'était que trop justifiée par la lecture du journal, tout entier à la campagne qui allait s'ouvrir et les craintes que m'inspirait cette guerre. Je connaissais la formidable organisation de l'armée prussienne, et je comptais peu sur un général Bonaparte pour rétablir l'équilibre des situations, tandis que j'appréhendais la présence d'un Frédéric II dans les rangs des armées allemandes.

La vue à distance se rencontre parfois ailleurs que chez le somnambule. Certaines organisations douées d'une sensibilité comparable à celle que fait naître le sommeil magnétique, peuvent, dans certains cas, être impressionnées par des vibrations éthérées parties d'un point éloigné, et émanant de personnes connues. Apollonius de Tyane s'était, dans sa vieillesse, retiré à Ephèse, où il avait fondé une école pythagoricienne. Un jour qu'il parlait au milieu de ses disciples, on le vit s'arrêter tout à coup et s'écrier d'une voie émue : « Courage, frappe le tyran. » Il s'interrompit encore quelques instants, dans l'attitude d'un homme qui attend avec anxiété l'issue d'une lutte, puis il s'écria de nouveau : « Soyez sans crainte, Ephésiens, le tyran n'est plus; il vient d'être assassiné. » Quelques jours après, on apprit qu'au moment où le thaumaturge lançait cette étrange apostrophe, Domitien tombait sous les coups de l'affranchi Stéphanus. Le meurtre n'avait pu se produire sans amener, tant de la part de la victime que de celle de l'assassin, des mouvements qui devaient mettre en vibrations soit l'éther environnant, soit le fluide cérébral dégagé par les deux acteurs du drame. Ces vibrations, parties de Rome, avaient instantanément atteint Ephèse, où elles furent perçues par les nerfs ultra-subtils du célèbre voyant. Il n'est pas inutile de rappeler que quelque temps auparavant le philosophe avait été mis en rapport fluidique avec le tyran, à la suite des vifs démêlés qui s'élevèrent entre eux, et qu'Apollonius fut forcé de quitter Rome pour échapper à la mort.

Si de l'antiquité nous passons aux temps modernes, nous trouvons un grand nombre de faits analogues rapportés par différents auteurs. Certaines races ou plutôt certaines régions semblent favoriser la double vue. Telles sont les hautes terres de l'Ecosse. Les voyants s'y montrent assez fréquemment; maintes fois des Anglais, incrédules sur ce qu'on leur racontait à ce sujet, ont fait le voyage des *Higlands*, pour s'assurer par eux-mêmes de l'exactitude des faits avancés, et se sont retirés convaincus. Sur le continent, la vue intuitive est un phénomène assez rare ; cependant on en connaît nombre d'exemples. Le biographe de Swedenborg en cite plusieurs. Je me bornerai au suivant, dont Kant garantit l'authenticité. Le 19 juillet 1759, le grand Théosophe, revenant d'Angleterre, s'arrêta à Gothenbourg, distant de Stockolm de cinquante lieues. Comme il était descendu chez un négociant de la ville où se trouvaient quelques amis, on le vit, à six heures du soir, entrer dans le salon, pâle, consterné. Il annonça qu'un violent incendie venait d'éclater à Stockolm, au Südermalm, et qu'il avançait vers sa maison. Pendant deux heures il resta très inquiet, sortant et rentrant comme s'il allait aux nouvelles. A un certain moment, il déclara que le feu venait de consumer la maison d'un de ses amis qu'il nomma, et que la sienne était en danger. Enfin, vers les huit heures, après une nouvelle sortie, il s'écria : « Grâce à Dieu l'incendie s'est arrêté à la troisième porte qui précède la mienne. » Deux jours après, le gouverneur de Gothenbourg reçut un courrier lui annonçant le désastre. Le récit était en tout point conforme aux détails donnés par Swedenborg.

Une personne ordinaire, mais d'une sensibilité exceptionnellement délicate, peut devenir voyante dans certaines circonstances, lorsqu'une catastrophe vient de frapper un proche parent. Deux causes : l'une physique, la similitude organique ; l'autre morale, l'affection de famille, rendent compte de ce fait. Mirville, dans le deuxième volume de son ouvrage, en cite plusieurs exemples très remarquables. Son père racontait que dans sa jeunesse, jouant aux barres avec plusieurs officiers de son régiment, il vit l'un d'eux s'arrêter tout à coup au milieu de sa course, et s'écrier en posant sa main sur ses deux yeux : « Ah ! mon Dieu ! mon frère vient de se casser la cuisse en franchissant une barrière en Amérique. » Trois mois après, la nouvelle était minutieusement vérifiée. Une dame, se trouvant en Lorraine, s'éveille une nuit en sursaut, et dans un accès de désespoir s'écrie que son fils, alors à Paris, vient d'être poignardé et jeté dans la rivière. On écrit à Paris, on cherche, et l'autorité trouve le cadavre à l'endroit désigné et portant la funeste blessure.

Un de mes amis de Carcassonne m'a raconté qu'en 1815, étant encore enfant, il fut éveillé une nuit par la détonation d'une arme à feu ; en même temps il vit son oncle gisant à terre frappé d'une balle. Le lendemain on apprit que l'infortuné, ancien vétéran de l'empire, était tombé à la même heure, victime des fureurs royalistes de l'époque. Ajoutons que le lieu du drame et la maison de l'enfant étaient séparés par une trop grande distance pour que le bruit d'une arme à feu pût être entendu.

D'après ces divers exemples, il est facile de voir que l'intuition a sa source dans les liens de famille qui unissent deux personnes, et mettent leur sensibilité mesmérienne à l'unisson l'une de l'autre. Au milieu des innombrables impressions qui arrivent de toutes parts au voyant, ce dernier ne perçoit que celles qui émanent de son proche. Ses nerfs si exquis à l'égard de celui qui lui est uni par les liens du sang et de l'affection, ne peuvent s'éveiller quand ils se trouvent sollicités par des vibrations venues de personnes indifférentes ou étrangères.

Je ferai une autre remarque sur la double vue. Cette faculté se montre d'ordinaire pendant le sommeil, comme si l'assoupissement des organes rendait la sensibilité nerveuse plus apte à se laisser impressionner par l'onde mesmérienne.

Revenons à la clairvoyance magnétique. Le somnambule peut-il prédire l'avenir ? En thèse générale, la chose n'est pas impossible, et se vérifie journellement chez les sujets lucides, pourvu toutefois que la question soit circonscrite dans certaines limites.

Chaque événement peut, en effet, être considéré comme la résultante d'un certain nombre de forces, soit physiques, soit morales, qui obéissent à des lois aussi inflexibles que celles de la mécanique rationnelle. Le hasard est un vocable auquel nous avons recours pour déguiser notre ignorance des causes premières, mais qui ne saurait trouver place dans le glossaire de la nature. Tout se lie et s'enchaîne dans l'univers, de telle façon que les événements contemporains dérivent des circonstances antérieures, de même que les faits de l'avenir sont en germe dans ceux qui s'accomplissent de nos jours. Il s'agit donc de dégager l'inconnue d'un problème nettement déterminé et circonscrit, dont les éléments sont représentés par les ondulations éthérées de sources cosmiques ou mesmériennes, qui mettent le somnambule en rapport à la fois avec le monde physique et le monde de l'idée. La lucidité du sujet magnétique consiste à percevoir ses impressions fluidiques, dont quelques-unes sont parfois d'une délicatesse infinie, et à les suivre jusqu'à ce qu'elles aient donné leur résultante. Il est dès lors évident que sa réponse deviendra d'autant plus facile que ses impressions seront mieux marquées, c'est-à-dire qu'elles dériveront de causes plus immédiates et se rapporteront à un avenir plus prochain.

La prévision de l'avenir ne s'observe pas seulement dans le somnambulisme ; on la rencontre également chez les voyants écossais. Un d'eux, parcourant avec quelques amis la contrée où devait se livrer deux ans plus tard la bataille de Culloden, décrivit, au grand étonnement de ses compagnons, les péripéties du sanglant combat qui devait décider du sort des Stuarts. En dehors des voyants proprement dits, certaines personnes ont parfois la perception de l'avenir ; mais, comme pour la vue à distance, cette faculté ne se montre d'ordinaire que pendant le sommeil. On trouve dans le livre des songes de Valère Maxime un curieux exemple de ce genre. On donnait à Syracuse des jeux de gladiateurs. Atérius Ruffus, chevalier romain, se vit en songe percé par la main d'un *rétiaire*, et le lendemain à l'amphithéâtre il raconta son rêve à plusieurs personnes. Peu d'instants après, un rétiaire entra dans l'arène avec son mirmillon tout près de l'endroit où notre chevalier était assis. A peine ce dernier l'eut-il vu venir, qu'il s'écria : « Voilà le rétiaire par lequel il m'a semblé que j'étais tué. » Et tout aussitôt il voulut sortir. Les personnes qui se trouvaient avec lui parvinrent par leurs discours à dissiper ses craintes, et causèrent ainsi sa perte ; car le rétiaire ayant poussé son adversaire jusqu'au bord de l'arène, le renversa précisément en cet endroit ; pendant qu'il cherchait à le frapper, son arme atteignit Atérius, et le tua.

L'histoire suivante, racontée par Marmont, fait le pendant de celle de Valère Maxime. La veille d'une bataille, un des plus brillants officiers de l'armée d'Italie, Stingel, vit pendant son sommeil un grand cavalier vert qui venait à lui et le tuait. Le lendemain il raconta son rêve à ses camarades, sans y attacher toutefois aucune importance. Le même jour a lieu un engagement entre Français et Autrichiens. Au plus fort de la mêlée, Stingel aperçoit venant à lui un dragon de haute taille, portant l'uniforme vert. Il croit revoir le cavalier qui lui est apparu en songe, et va à sa rencontre en lui criant : « Je te reconnais, je suis à toi. » Quelques instants après, il était tué.

Parfois, l'organisation nerveuse du voyant est telle qu'il peut percevoir des impressions se rapportant à des actes accomplis depuis une époque plus ou moins éloignée. Les somnambules offrent chaque jour des exemples de ce genre. Ils racontent aux personnes qui les entourent ce qu'ils ont fait dans la matinée ou les jours précédents. On en voit quelquefois faire des révélations que celui à qui elles s'adressent croyait ignorées de tout le monde, et dont il se trouve peu flatté. Certains somnambules extra-lucides, ou certaines organisations exceptionnelles, peuvent saisir des faits se rapportant à plusieurs années en arrière. Comment objectera-t-on leur sensibilité, quelque délicate qu'on la suppose? Peut-elle se laisser impressionner par des vibrations depuis longtemps éteintes? Aucun mouvement ne s'anéantit dans la nature, il ne fait que se transformer. Il laisse, par conséquent, des traces, et ces traces suffisent pour éveiller l'attention du voyant. Toute vibration, quelles que soient sa nature et son origine, peut être comparée à celles qu'émettent les corps lumineux dans le milieu qui les entoure. Les mouvements ondulatoires du fluide éthéré dessinent sur notre rétine l'image de l'astre qui les envoie, bien qu'ils se soient croisés pendant leur trajet avec les ondulations de myriades d'autres astres, et que l'impulsion initiale remonte parfois à des milliers d'années. Un des exemples les plus curieux qu'on puisse citer de la subtilité d'un voyant nous est fourni par le célèbre Martin de Gaillardon, qui fit beaucoup parler de lui dans les premières années de la restauration. Il s'était rendu à Paris pour voir Louis XVIII, annonçant qu'il avait des révélations importantes à faire au monarque. Ces vanteries étant arrivées aux oreilles du ministre de la police, M. Decazes, celui-ci ne vit en lui qu'un halluciné ordinaire, et le fit secrètement conduire dans un hospice d'aliénés. Un des familiers du roi, le duc de la Rochefoucauld, n'entendant plus parler de Martin, devina ce qui se passait, et, sous prétexte de visiter l'hospice des aliénés, il se fit conduire dans cet établissement, et en parcourut avec soin toutes les salles. Dans une pièce se trouvait un homme seul, dont l'attitude était celle d'un extatique. Le duc comprit qu'il avait devant lui Martin; il l'interrogea discrètement, et s'étant assuré qu'il ne s'était point trompé, il l'amena le lendemain à Louis XVIII. Quand le souverain et le voyant furent seuls, ce dernier prit la parole, et, s'animant de plus en plus, finit par arracher de grosses larmes au roi philosophe, qui le congédia en sanglotant. La favorite du monarque, Mme du Cayla, qui, d'une pièce voisine, suivait tous les détails de cette scène, nous fait connaître, dans ses *Mémoires*, la révélation qui émut si fort son royal ami, et qu'il est inutile de raconter ici. Disons seulement qu'il s'agissait d'un acte coupable que Martin reprochait au vieux monarque; que cet acte se rapportait à l'époque où la reine Marie-Antoinette était enceinte du Dauphin, et qu'il n'avait jamais été connu de personne, son auteur l'ayant soigneusement enfoui dans les replis les plus cachés de sa conscience.

CHAPITRE VII

L'éther mesmérien et la personnalité qu'il engendre (*suite*). — La table tournante. — La table parlante. — Le médium.

Il y a un peu plus de trente ans, une épidémie morale, le spiritisme, envahit les Etats-Unis. De là elle passa en Europe, et gagna de proche en proche le continent tout entier. Les prodromes de cette singulière maladie ont été décrits par le comte de Rézies dans son savant ouvrage, *les Sciences occultes*. Nous reproduisons ce récit, à titre de document historique :

Des coups, dont personne ne put deviner la cause, se firent entendre pour la première fois en 1846, chez un nommé Weckman, habitant une maison d'un petit village d'Hyderville, près la ville d'Arcadia, dans l'État de New-York. Rien ne fut négligé pour découvrir l'auteur de ces bruits mystérieux, mais on ne put y parvenir. Une fois aussi, pendant la nuit, la famille fut éveillée par les cris de la plus jeune des filles, âgée de huit ans, qui assura avoir senti quelque chose comme une main qui avait parcouru le lit et avait enfin passé sur sa tête et sur sa figure, chose qui paraît avoir eu lieu depuis dans plusieurs autres endroits où ces coups se sont fait entendre. Dès ce moment rien de plus ne se manifesta pendant six mois, époque à laquelle cette famille quitta sa maison, qui fut alors habitée par un méthodiste, M. Joh Fox et sa famille, composée de

sa femme et de ses deux filles. Pendant trois mois encore tout y
fut tranquille, puis les coups mystérieux recommencèrent de plus
belle. D'abord c'étaient des coups très légers, comme si quelqu'un
frappait sur le parquet d'une des chambres à coucher, et à chaque
coup une vibration se faisait sentir sur le parquet ; on la sentait
même étant couchés, et des personnes qui l'ont ressentie disent que
cette sensation était très analogue à celle que produit une batterie
galvanique. Les coups se faisaient constamment entendre, il n'y avait
plus moyen de dormir dans la maison ; toutes les nuits ces bruits
légers, vibrants, frappaient doucement, mais sans relâche. Fatiguée,
inquiète, toujours aux aguets, la famille se décida enfin à appeler
les voisins pour l'aider à trouver le mot de l'énigme ; et dès ce moment, les coups mystérieux attirèrent l'attention de tout le pays.
On mit des groupes de six ou huit individus dans chaque pièce de
la maison, ou bien on en sortit, tout le monde écoutant dehors,
mais l'agent invisible frappa toujours. Le 31 mars 1847, Mme Fox et
ses filles, n'ayant pas fermé l'œil pendant la nuit précédente, et
ayant grand sommeil, se couchèrent de très bonne heure, toutes
dans la même chambre, espérant ainsi échapper aux bruits qui se
faisaient plus ordinairement entendre vers le milieu de la nuit.
M. Fox était absent. Mais bientôt les coups recommencent, et les
deux jeunes filles, qui ne pouvaient dormir, se mettent à les imiter, en faisant claquer leurs doigts. A leur grand étonnement, les
coups répondent à chaque claquement. Alors la plus jeune se met
à vérifier ce fait surprenant ; elle fait un claquement, on entend
un coup, deux, trois, etc., toujours l'être invisible rend le même
nombre de coups. Sa sœur aînée dit en badinant : « Maintenant,
faites comme moi: comptez un, deux, trois, quatre, cinq, six, etc. »,
en frappant chaque fois dans sa main le nombre indiqué. Les coups
se suivirent avec la même précision, mais ce signe d'intelligence
alarmant la jeune fille elle cessa bientôt son expérience. Alors
Mme Fox dit : « Comptez dix », et sur-le-champ dix coups se font
entendre. Elle ajoute : « Voulez-vous me dire l'âge de ma fille
Catherine? » Et les coups frappèrent précisément le nombre d'années
qu'avait cet enfant. Mme Fox demanda ensuite si c'était un être

humain qui frappait les coups qu'on entendait. Point de réponse. Puis elle dit : « Si vous êtes un esprit, je vous prie de frapper deux coups », et deux coups se font entendre. Elle ajouta : « Si vous êtes un esprit auquel on a fait du mal, répondez-moi de la même façon », et les coups répondaient de suite.

Telle fut la première conversation qui ait peut-être jamais eu lieu, au moins dans les temps modernes, entre les êtres de l'autre monde et celui-ci. De cette manière Mme Fox parvint à savoir que l'esprit qui répondait à ses questions était l'âme d'un homme qui avait été tué dans la maison qu'elle habitait plusieurs années auparavant, qu'il se nommait Charles Rayn, qu'il était marchand colporteur et âgé de trente et un ans lorsque la personne chez laquelle il était logé le tua pour avoir son argent. Mme Fox dit alors à son interlocuteur invisible : « Si nous faisons venir les voisins, les coups continueraient-t-ils toujours à répondre ? » Un coup se fit entendre en signe affirmatif. Les voisins appelés ne tardèrent point à arriver, comptant rire aux dépens de la famille Fox; mais l'exactitude d'une foule de détails ainsi donnés par les coups, en réponse aux questions qui furent adressées à l'agent invisible par les divers membres de la famille sur les affaires particulières de leurs voisins, convainquirent les plus incrédules. Le bruit de ces choses étranges se répandit au loin, et bientôt arrivèrent de tous côtés des prêtres, des juges, des avocats, des médecins et une foule de simples citoyens. Peu après, la famille Fox, que les esprits auteurs de ces coups poursuivaient de maison en maison, alla s'établir à Rochester, ville importante de l'Etat de New-York, où des milliers de personnes vinrent la visiter et cherchèrent vainement à découvrir s'il n'y avait pas quelque imposture dans toute cette affaire.

Tels furent les débuts du spiritisme; tout le monde vit l'esprit d'un défunt dans le mystérieux interlocuteur des demoiselles Fox. Ne se donnait-il pas lui-même comme tel, et quel intérêt aurait-il eu à dissimuler son véritable état civil ? Une autre circonstance rendait cette interprétation assez naturelle. Dans des maisons où se produisent les manifestations posthumes les moins équivoques, à la suite d'un récent décès, on a observé bien des fois que si quelqu'un frappait un ou plusieurs coups sur les cloisons ou le parquet, l'être invisible répétait aussitôt le même nombre de coups comme s'il donnait à entendre qu'il désirait lier conversation à l'aide d'un syllabaire à sa portée. Toutefois, il n'est pas difficile de voir, quand on examine les choses de près, que les demoiselles Fox furent dupes d'une de ces mystifications si fréquentes dans l'histoire du spiritisme. Elles appartenaient à la classe des jeunes filles électriques, ainsi que le prouve le rôle qu'elles ont joué depuis ; les coups et les grattements vibratoires qu'on entendait dans leur chambre résultaient d'une action inconsciente de leur personnalité mesmérienne, car on a vu les mêmes phénomènes se produire chez d'autres personnes électriques. Dès lors, les réponses du prétendu défunt aux questions des demoiselles Fox étaient un simple effet de mesmérisme analogue aux tables parlantes, sur lesquelles nous reviendrons tout à l'heure.

La télégraphie spirite, dont on venait de poser les bases, fit bientôt le tour des Etats-Unis. Chaque fois qu'un esprit frappeur se faisait entendre dans une maison, il était interrogé par une des personnes du logis, suivant l'ingénieux procédé des demoiselles Fox, et les réponses ne se faisaient jamais attendre. Bientôt on s'adressa aux tables et aux guéridons, qu'on animait à l'aide du magnétisme, et qui répondaient en frappant du pied. Puis vint le tour des médiums : ils se donnaient comme les intermédiaires des esprits, et écrivaient sous leur dictée les réponses aux demandes qu'on adressait à ces derniers. Ces nouveautés si étranges et si inattendues gagnant les diverses classes de la société américaine, il ne fut bientôt plus question, sur tout le territoire des Etats-Unis, que d'esprits frappeurs, de tables parlantes et de médiums.

Cependant deux écoles s'étaient formées pour l'explication des prodiges que chacun répétait à volonté. Tandis que les uns cherchaient à interpréter ces faits d'une façon rationnelle, c'est-à-dire par des modes d'action du fluide mesmérien, encore inconnus, d'autres, et c'était le plus grand nombre, voyaient dans ces manifestations mystérieuses la main d'êtres surnaturels qui venaient se mettre en communication avec les vivants et les aider de leurs conseils. Ne répondaient-ils pas, en effet, à toutes les questions qu'on leur posait, quelque saugrenues que fussent les demandes ou quelque ardus que parussent les problèmes dont on sollicitait la solution. Comme la réponse n'était pas toujours orthodoxe quand on abordait des sujets religieux, les Sociétés bibliques s'émurent, aussi bien que les catholiques ; une opposition formidable s'éleva contre les propagateurs de la nouvelle doctrine. Les évêques des différentes sectes lancèrent l'anathème, et le spiritisme fut déclaré une monstrueuse impiété. Peine perdue ! L'élan donné par les demoiselles Fox avait été irrésistible, et quatre ans après leur apparition, les médiums se comptaient par milliers aux Etats-Unis.

En 1851, le pays tout entier était aux mains des nouveaux prosélytes. La télégraphie spirite fonctionnait dans toutes les villes du nouveau continent. Elle avait ses journaux, ses livres, ses correspondants, son organisation, ses clubs. Cette révolution, ou si l'on aime mieux cette épidémie morale, comme on l'a quelquefois appelée, possédait une force d'expansion trop grande pour qu'elle s'arrêtât aux populations transatlantiques. Dans le courant de 1852, elle franchit l'Océan et atteint les îles Britanniques ; l'année d'après, elle envahit le continent. On se rappelle encore le vertige qui s'empara alors en France de toutes les têtes. On ne parlait plus que des tables tournantes et des dialogues que chacun entretenait avec son guéridon. Je ne reviendrai pas sur les détails de ces scènes parfois si amusantes. Ces faits sont connus de tout le monde. Je vais seulement rappeler d'une manière succincte les principales particularités qu'on observait dans la pratique de ces prodiges, afin d'en faire l'analyse et de nous rendre compte de la véritable nature du spiritisme.

C'est d'ordinaire par les tables tournantes qu'on entrait en matière. Plusieurs personnes se plaçaient autour d'une table, posant leurs mains sur ses bords, tout en se touchant avec le coude ou avec les doigts, afin de faire la chaîne, et essayaient de donner ainsi au meuble qu'ils entouraient une impulsion rotatoire, sinon physique, au moins mentale. La table tournait ou ne tournait pas, suivant le savoir-faire des acteurs, ou plutôt suivant leur état physiologique et leurs dispositions morales. Très souvent le résultat était nul, l'action des uns se trouvant neutralisée par l'indifférence, le scepticisme ou le mauvais vouloir des autres. Parfois la table se mettait en mouvement, aux cris de joie des initiés, à la stupéfaction des incrédules. On recommençait l'expérience, on la répétait de mille manières, et ceux qui aiment à se rendre compte des choses, cherchaient à expliquer ces faits étranges par des considérations scientifiques. Les uns y voyaient un courant électrique produit par le contact des personnes qui faisaient la chaîne, d'autres invoquaient l'impulsion mécanique que la pression des mains imprimait nécessairement à la table. Ces explications étaient acceptées par les gens les plus sérieux, et Babinet eut un jour un moment de triomphe à l'Académie des sciences, en développant devant ses collègues des considérations de ce genre. Mais la joie des académiciens ne devait pas être de longue durée. En variant les expériences sur les tables tournantes, on ne tarda pas à s'apercevoir qu'on pouvait les mettre en mouvement sans qu'il fût nécessaire de former la chaîne. On essaya alors si une seule personne pouvait obtenir le même résultat qu'on avait jusqu'alors demandé à une force collective, et la table continua à s'ébranler. Puis on la vit se soulever, se dresser, sauter, avancer, reculer, s'agiter en tous sens. Enfin, certains expérimentateurs, poussant la hardiesse jusqu'à ses dernières limites, essayèrent de la mettre en mouvement sans la toucher, par un simple acte de volition mentale, et réussirent. Pour compléter le prodige, la table obéissait à un enfant aussi bien qu'à une grande personne, dès qu'elle était ainsi animée, et continuait à se mouvoir ou à se soulever, malgré les poids dont on la surchargeait. Dès ce moment, on entrait dans une nouvelle phase. La table se soulevant au commandement de l'expérimentateur, puis frappant un coup en retombant sur ses pieds, on lui ordonna de frapper plusieurs fois de suite, et elle obéit. Le nombre de coups qu'on exigeait était exécuté avec une régularité merveilleuse. Ce nombre se trouvait-il considérable, la table précipitait la mesure comme si elle avait hâte de se débarrasser de cette besogne, pour revenir à des chiffres plus simples. Dès lors, elle se vit délaissée pour le guéridon, meuble plus convenable dans un salon et dont le pied battait la mesure d'une manière plus leste et moins tapageuse qu'une table massive. Le guéridon répondait à toutes les questions, et, à l'aide d'un certain nombre de coups réglés d'avance, faisait connaître l'âge des personnes qui se trouvaient dans la salle, l'argent qu'elles avaient dans leurs poches, etc., etc. Ce n'était plus un meuble mis en mouvement par une impulsion mécanique, c'était un agent intelligent qui dialoguait avec une dextérité merveilleuse, et étonnait presque toujours par la justesse et l'à-propos de ses répliques.

Un jour on songea à demander à l'agent mystérieux qui animait le guéridon de manifester sa réponse non plus par des battements de pieds, mais à l'aide de caractères tracés sur le papier par un crayon qu'on venait de poser sur un support. Le crayon s'anime à son tour, s'ébranle, trace des lettres et répond aux questions qu'on lui adresse. Les avantages que présentait le crayon mobile firent naturellement oublier le guéridon. Mais il ne jouit pas longtemps de son triomphe. Le fluide qui animait des corps inertes pouvait à plus forte raison agir sur les personnes vivantes, et en effet, sous l'influence du milieu qu'on respirait dans ces étranges séances, certaines natures impressionnables se sentant pénétrées du souffle invisible qui agitait le crayon, prirent la plume et écrivirent, elles aussi, sous la dictée des esprits. C'étaient les *médiums*, c'est-à-dire les *intermédiaires*, qui supplantèrent le crayon, comme celui-ci avait supplanté le guéridon. Le spiritisme se trouvait définitivement constitué.

L'agent mystérieux qui mettait en branle les tables parlantes était évidemment le même que celui qui animait le crayon mobile et le médium, je veux dire la personnalité mesmérienne des assistants ou du médium lui-même. S'il différait dans ses modes d'action cela tenait uniquement à la nature des intermédiaires par lesquels il se manifestait. Il n'est pas, en effet, difficile de voir que le guéridon n'est qu'un instrument passif, une sorte de syllabaire accoustique mis en action par le fluide de celui qui interroge. En d'autres termes, c'est la personnalité mesmérienne de ce dernier qui remplit l'office de souffleur dans le dialogue tabulaire. On s'explique ainsi comment, dans ses réponses, le guéridon dégage avec une sagacité merveilleuse l'inconnue des erreurs qui peuvent l'entacher dans la tête de l'interlocuteur, à la façon d'un géomètre qui rectifie les données d'un problème mal posé. Il n'est personne qui n'ait entendu parler des singuliers dialogues auxquels se prête un guéridon lorsqu'il est suffisamment imprégné d'effluves mesmériens. Un des amusements les plus fréquents est de lui faire dire l'âge des personnes présentes. Avant chaque demande, celui qui doit en être l'objet confie à son voisin, soit par écrit, soit à voix basse, le nombre d'années qu'il a vécu, et la table est aussitôt mise en demeure d'indiquer ce chiffre. La réponse ne se fait jamais attendre. Le pied chargé de frapper les coups se met de suite en mouvement, et le nombre marqué est presque toujours celui qu'on a fixé d'avance. Parfois, cependant, il se produit un léger désaccord d'une ou de deux unités, et cet écart est d'ordinaire au détriment de l'intéressé. De là un sujet de rires et de divertissements dans l'auditoire. On observe à la table qu'elle fait erreur, et on la prie de recommencer ses calculs. Mais celle-ci s'obstinant à répéter le même nombre de coups, on vérifie l'âge en faisant appel aux souvenirs de celui qui est en cause, ou des personnes qui peuvent fournir des renseignements à cet égard, et l'hilarité de redoubler, quand on voit que c'est la table qui a raison. Même péripétie et même dénoûment lorsqu'on la prie de deviner l'argent qu'un des assistants a dans sa poche, et que celui-ci se trompe sur le contenu de son porte-monnaie. Les calculs du guéridon sont toujours infaillibles. A la fin d'une séance où l'on avait fait parler une table sur divers sujets, un des assistants s'écria : « Une dernière question pour clore la soirée : qu'elle nous dise combien il y a d'oreilles dans la salle. » On pose la demande, et le guéridon de frapper aussitôt seize coups. Les assistants se comptent et ne se trouvent que sept. « Tu te trompes, lui dit-on, recommence et compte mieux. » Le pied se lève de nouveau et répète le même nombre de coups. On se compte une seconde fois, et l'on s'assure qu'il n'y a que sept personnes dans la salle. « Tu fais encore erreur ; recommence. »

Le nombre marqué par le guéridon étant toujours seize, chacun de se demander quelle peut être la cause de ce désaccord. On se perd en conjectures sur ce fait étrange, et l'on commence à douter de l'intelligence du mystérieux inspirateur lorsqu'un des assistants s'écrie : « C'est le guéridon qui a dit vrai : nous avons oublié de compter le chat qui dort au coin du feu. » Tous les yeux se portent aussitôt vers le foyer, et l'on aperçoit un matou dont les deux oreilles complètent le chiffre marqué.

Cette aventure, qui se reproduit chaque jour sous mille formes diverses, dans les séances spirites, rappelle une fois de plus la rectitude extraordinaire qu'acquiert parfois l'entendement lorsqu'il a pour interprète l'agent mesmérien. Nous avons observé le même phénomène dans le somnambulisme, ce frère aîné du spiritisme. Le somniloque, lui aussi, rectifie la réponse qui manque de précision et contrôle avec une justesse étonnante les chiffres hasardés. Dès lors il n'est point impossible que le guéridon arrive à des résultats aussi surprenants, du moment qu'il est animé du même principe que le sujet magnétique, le fluide thaumaturge.

Les tables parlantes furent bientôt délaissées pour le crayon mobile, leur action étant resserrée dans d'étroites limites, à raison de la nature ultra-élémentaire des moyens de correspondance. Un tel syllabaire rendait tout dialogue, quelque court qu'il fût, d'une longueur interminable. On y renonça dès que la télégraphie spirite se fut perfectionnée par l'invention du crayon mobile. Celui-ci ne tarda pas à se voir délaissé à son tour pour le médium. Occupons-nous de ce dernier.

On a souvent assimilé le médium à un somnambule éveillé. Cette définition nous paraît parfaitement juste. Ce sont les pôles extrêmes de la chaîne mesmérienne, deux modes d'action différents d'une même cause, qui passent de l'un à l'autre par degrés insensibles. On dirait une transformation de force analogue à celle qu'on observe dans les fluides impondérables, chaleur, lumière, électricité, magnétisme, qui ne sont, comme on sait, que des manifestations diverses d'un même agent, l'éther. On a vu des femmes tomber dans le sommeil magnétique en faisant la chaîne autour d'une table ; les phénomènes électriques d'attraction et de répulsion se manifester chez des personnes qui se livraient à la pratique du spiritisme ; des médiums devenir somnambules et *vice versa*. Parfois ces deux caractères se présentent en même temps, de sorte qu'il est difficile de dire si l'on a affaire à un sujet éveillé ou endormi. Rien d'ailleurs, sauf la manière de procéder, qui différencie le somniloque du médium. L'un parle, l'autre écrit, mais tous deux avouent qu'ils sont sous l'influence d'un inspirateur mystérieux qui dicte leurs réponses. Interrogé sur son origine et sa personnalité, ce souffleur invisible se donne tantôt comme un esprit sans nationalité, tantôt comme l'âme d'un défunt. Dans ce dernier cas, il se dit volontiers l'ami ou le proche du médium, et il vient l'aider de ses conseils. Ici se place un des effets les plus surprenants du mesmérisme. Le personnage mystérieux invité à tracer quelques lignes par l'intermédiaire du crayon mobile ou de la main du médium, reproduit l'écriture, les locutions et jusqu'aux fautes d'orthographe qui étaient familières à l'ami ou au proche dont il se dit le représentant posthume. Un tel argument parait à première vue irréfutable, et c'est sur des faits de ce genre qu'on s'appuya pour fonder la théorie du spiritisme.

Quelques médiums allèrent plus loin. Voulant éprouver la science de leurs correspondants, ils leur demandèrent des compositions littéraires. On invoqua tour à tour Dryden et Shakespeare en Angleterre et aux États-Unis, Gœthe et Schiller en Allemagne, Racine et Corneille en France, et on les pria de donner des morceaux de poésie. On eût appelé Homère et Pindare, s'il se fût trouvé, dans les cénacles spirites, des Hellénistes capables de les juger. Ces ombres arrivèrent au premier appel, et sortirent victorieuses de l'épreuve. Leurs productions furent déclarées irréprochables, et dignes en tout point de la réputation que les auteurs s'étaient acquise de leur vivant. « Vous le voyez, disait-on aux sceptiques, un médium illettré, n'ayant jamais écrit qu'en prose, ne saurait produire de telles poésies, il n'y a qu'un Shakespeare, qu'un Schiller, qu'un Racine, qui puissent composer les vers que vous avez sous les yeux. Ce sont donc bien les ombres évoquées qui les ont dictées. »

Les partisans de cette étrange théorie ne s'apercevaient pas de la conséquence non moins étrange qui devait en résulter. La pérennité des ombres aurait depuis longtemps rendu la planète inhabitable pour nous. Les morts occuperaient la place des vivants, car l'accumulation des spectres des diverses tribus de la faune tellurique amoncelés sur la surface du globe depuis les premiers âges géologiques, rendrait l'air irrespirable. Nous ne pourrions nous mouvoir que dans une épaisse atmosphère d'ombres. Or, l'analyse chimique n'a jamais constaté dans l'air la présence d'aucun des principes immédiats qui entrent dans la constitution d'une forme fluidique élaborée dans un milieu animal. Les médiums qui prétendent converser avec Dryden et Shakespeare nous paraissent aussi naïfs que ceux qui évoqueraient Hérodote ou Sanchoniaton. Pour notre part, nous regrettons amèrement que ces ombres vénérables aient disparu. Si elles étaient susceptibles de répondre encore à notre appel, les archéologues ne se feraient pas faute d'y recourir chaque fois qu'ils sont dans l'embarras. Ne serait-il pas plus simple, par exemple, pour reconstituer l'histoire de l'ancienne Egypte, d'appeler un médium sur les ruines de Thèbes ou de Memphis et de lui faire évoquer les ombres des Pharaons, au lieu de chercher à déblayer leurs monuments, afin de recueillir les inscriptions qu'ils renferment ?

Passons à la seconde classe des inspirateurs des médiums, les esprits. Ceux-ci se disent, suivant le cas, anges ou démons. Mais ils ne montrent guère plus de science que les ombres, quand on leur pose des questions délicates. Ils tâtonnent, s'embarrassent, cherchent des biais, et si l'on insiste, finissent par se fâcher. Du reste, il n'est pas difficile de reconnaître dans leurs réponses, surtout lorsqu'elles touchent aux questions religieuses ou sociales, une des caractéristiques de notre espèce, l'*équation personnelle*, c'est-à-dire la marque de fabrique du cerveau humain. Entrons dans un cénacle spirite d'Irlande ; nous voyons les séances placées sous le patronage de saint Patrick, et chaque fois qu'on aborde des sujets religieux, ils sont traités par les esprits dans le sens du catholicisme le plus orthodoxe. C'est tout le contraire dans la protestante Angleterre où les communications des médiums portent presque toujours l'empreinte du souffle anglican contre le papisme : *No popery*, le pape est l'antéchrist, Rome la grande Babylone moderne. Il en est de même aux Etats-Unis et dans l'Allemagne du Nord, c'est-à-dire dans tous les pays où la Réforme domine. En Russie, le spiritisme redevient orthodoxe, mais à sa manière, c'est-à-dire suivant le rite grec. En d'autres termes, les esprits sont catholiques à Rome, anglicans à Londres et à New-York, libres-penseurs à Paris, luthériens à Berlin, schismatiques à Pétersbourg. Ils seraient mahométans à Constantinople, brahmaniques dans l'Inde, bouddhistes chez la plupart des nations asiatiques. Mêmes divergences quand on demande leur avis sur les réformes sociales. Quelques-uns se montrent conservateurs, mais c'est le petit nombre. La plupart sont communistes et proclament le partage des terres. Leurs réponses variant ainsi avec la nationalité de celui qui les interroge et reflétant son idée dominante, ses préjugés, ses tendances, en un mot son équation personnelle, on est forcé de conclure que les communications spirites s'élaborent dans le cerveau même du médium qui les provoque ou des assistants avec lesquels il est en rapport fluidique. On voit ainsi pourquoi les esprits changent de langage et d'attitude, suivant le personnel du cénacle. Allan-Kardec nous apprend qu'ils sont sérieux et pleins de courtoisie devant les gens bien élevés et d'une instruction solide. Par contre, chaque fois qu'ils ont affaire à une assistance sans éducation ou d'un caractère frivole, ils ne montrent que légèreté et ignorance, se font remarquer par leurs expressions triviales, deviennent grossiers, impertinents et même orduriers.

L'évocation des fantômes par le médium est donc un mirage, même lorsqu'ils revêtent une forme optique, comme cela a lieu pour certains médiums privilégiés : ceux-ci n'en sont pas moins le jouet d'une hallucination, analogue à celle des somnambules qui voient leur apparaître tous les fantômes qu'il plaît au magnétiseur de leur montrer. Au surplus, je puis donner des preuves directes de ce que j'avance. Je les emprunte au grand prêtre du spiritisme français que je mentionnais tout à l'heure, à Allan-Kardec. Voici à peu près textuellement ce qu'il raconte dans son livre des médiums :

« Il prend un jour fantaisie à un médium d'évoquer Tartuffe. Ce dernier ne se fait pas tirer l'oreille et se montre bientôt dans tous ses attributs classiques. C'est bien le personnage de Molière avec son langage doucereux et hypocrite, ses manières patelines, son air confit en dévotion. Lorsque, après mûr examen, le médium s'est assuré de l'identité du fantôme qu'il vient d'évoquer, il se ravise et lui dit :

— A propos, comment se fait-il que tu sois ici puisque tu n'as jamais existé.

— C'est vrai, reprend le spectre du ton le plus contrit : « Je suis l'esprit d'un acteur qui joua autrefois le rôle de Tartuffe. »

Est-ce clair ? Tartuffe ne pouvant se montrer, et pour cause, dépêche un acteur à sa place.

Le fait suivant est encore plus concluant, car il n'est plus ici de subterfuge possible. C'est toujours Allan-Kardec qui parle :

« Un gentleman avait dans son jardin un nid de petits oiseaux. Ce nid ayant un jour disparu, il devint inquiet sur le sort de ces petits animaux qu'il affectionnait. Comme il était médium, il rentra dans son cabinet et évoqua la mère des oiseaux pour avoir de leurs nouvelles. « Rassure-toi, lui « répondit celle-ci, mes petits sont sains et saufs. Le « chat de la maison a fait tomber le nid en sautant « sur le mur du jardin ; tu les trouveras dans l'herbe, « au pied de ce mur. » Le gentleman courut aussitôt au jardin et rencontra les petits volatiles, pleins de vie, à l'endroit désigné. »

Il est à présumer que si les médiums dont je viens de parler eussent évoqué l'esprit d'un rocher, le rocher eût répondu aussi bien que Tartuffe et la mère des oiseaux. Devant de telles inepties, n'est-il pas permis de dire que le spiritisme est la grande mystification du siècle. Au surplus, si l'on veut s'édifier sur la véritable nature du médium, il suffit de méditer les lignes suivantes que j'emprunte aux spirites eux-mêmes, et qui forment la base de leur doctrine.

« La première condition que doit remplir un médium est de posséder une certaine dose d'électricité vitale, car ce fluide peut être considéré comme le milieu nécessaire à la production des phénomènes spirites. »

On le voit, chez le médium comme chez le somnambule, c'est le même principe qui agit, le fluide vital. Il atteint son *summum* d'énergie dans le premier, car c'est de lui-même, je veux dire du centre de production, que celui-ci tire la force vive qui engendre les effets mesmériens, tandis que le second, l'empruntant à une source étrangère, la reçoit limitée et amoindrie dans son action. Aussi le spiritisme reproduit-il, en les agrandissant encore, tous les prodiges du sommeil magnétique. Comme le somnambule et mieux que le somnambule, le médium, même illettré, devient polyglotte, compose des poésies, écrit des discours suivant toutes les règles de l'art oratoire, il devine les pensées de ceux qui sont auprès de lui, possède la faculté de la vue à distance, lit dans le passé, et arrive parfois à la prescience de l'avenir. Inutile d'ajouter qu'il ne s'agit ici que des sujets réellement lucides, c'est-à-dire du très petit nombre. Même chez ces derniers, la sottise humaine tend toujours à reprendre ses droits, et ne réussit que trop souvent à se faire jour dans leurs réponses.

Un dernier mot sur le spiritisme. Cette branche de la magie n'était pas inconnue de l'antiquité. Nous le voyons mentionné à plusieurs reprises dans les annales des anciens peuples, et prendre parfois de telles proportions que les rois interdisaient sa pratique, sous les peines les plus sévères. Les Pères des premiers siècles de l'Église fulminent contre les tables tournantes. Dans les exorcismes de la même époque, il est question d'esprits frappeurs (*spiritus percutientes*), qu'on éloigne par des prières conjuratrices. Plusieurs missionnaires, qui ont visité les populations bouddhiques de l'Asie, nous apprennent, de leur côté, que le spiritisme est pratiqué dans ces pays de temps immémorial.

CHAPITRE VIII

L'éther mesmérien et la personnalité qu'il engendre (suite). — Miracles des extatiques.

De tous les miracles tirés de la vie des saints que j'ai entendus raconter dans mon enfance, il en est un qui m'avait particulièrement frappé. C'est celui de saint François-Xavier, se trouvant à la fois dans deux embarcations pendant une tempête, et encourageant ses compagnons tout le temps que ceux-ci furent en danger. Voici la relation de ce prodige, d'après ses biographes.

« Saint François-Xavier se rendait, au mois de novembre 1571, du Japon en Chine, lorsque, sept jours après le départ, le navire qui le portait fut assailli par une violente tempête. Craignant que la chaloupe ne fût emportée par les vagues, le pilote ordonna à quinze hommes de l'équipage d'amarrer cette embarcation au navire. La nuit étant venue pendant qu'on travaillait à cette besogne, les matelots furent surpris par une lame, et disparurent avec la chaloupe. Le saint s'était mis en prières dès que la tempête avait commencé, et celle-ci allait toujours redoublant de fureur. Cependant ceux qui étaient restés sur le navire se souvinrent de leurs compagnons de la chaloupe, et crurent qu'ils étaient perdus. Quand le danger fut passé, Xavier les exhorta à prendre courage, assurant qu'avant trois jours la fille retrouverait sa mère. Le lendemain il fit monter sur le mât, afin d'explorer l'horizon, mais on ne découvrit rien. Le saint rentra alors dans sa cabine, et se remit à prier. Après avoir passé ainsi la plus grande partie du jour, il remonta sur le pont plein de confiance, et annonça que la chaloupe était sauvée. Néanmoins, comme le lendemain on n'aperçoit rien encore, l'équipage du navire se voyant toujours en danger se refusa d'attendre plus longtemps des compagnons qu'il considérait comme perdus. Mais Xavier ranima de nouveau leur courage, les conjurant, par la mort du Christ, de patienter encore. Puis, rentré dans sa cabine, il se remit à prier avec un redoublement de ferveur. Enfin, après trois longues heures d'attente, on vit apparaître la chaloupe, et bientôt les quinze matelots que l'on croyait perdus, eurent rejoint le navire. D'après le témoignage de Mindès Pintus, on vit alors se produire un fait des plus singuliers. Quand les hommes de la chaloupe furent montés sur le pont du navire, et que le pilote voulut la repousser, ceux-ci s'écrièrent qu'il fallait auparavant laisser sortir Xavier, qui se trouvait avec eux. C'est en vain qu'on chercha à leur persuader qu'il n'avait pas quitté le bord. Ils affirmèrent qu'il était resté avec eux pendant la tempête, ranimant leur courage, et que c'était lui qui avait conduit l'embarcation vers le navire. Devant un tel prodige, tous les matelots furent persuadés que c'était aux prières de Xavier qu'ils devaient d'avoir échappé à la tempête. Il est plus rationnel d'attribuer le salut du navire aux manœuvres et aux efforts de l'équipage. Mais tout fait présumer que la chaloupe n'eût pu rejoindre le navire, si elle n'avait eu pour pilote le saint lui-même, ou plutôt sa doublure. »

Ce miracle de dédoublement, que je croyais alors unique, n'est pas rare dans la vie des saints. Les *Acta sanctorum* des Bollandistes fourmillent de récits de ce genre. Il est assez fréquent dans l'extase. En thèse générale, on peut dire que plus une personne aux tendances mystiques s'adonne à la vie contemplative, plus elle devient le siège de phénomènes étranges, qui, sortant à première vue du cadre des lois du temps et de l'espace, apparaissent comme autant de prodiges. Je vais démontrer, par l'analyse de quelques exemples, que les miracles des saints sont des faits d'ordre naturel, je veux dire des modes d'action de l'éther mesmérien ou de la personnalité fluidique qui l'engendre, et que tous deux sont mis en jeu par une foi vive jointe à la pratique de la vie ascétique,

On observe parfois chez certains extatiques un phénomène non moins singulier que le dédoublement. Au moment où ils vont être ravis, il se développe en eux une force intérieure, sorte d'impulsion électrique, qui, agissant de bas en haut, neutralise l'effet de la pesanteur. On voit alors le patient s'élever au-dessus du sol, dans la position où il se trouvait avant l'extase, et planer immobile comme un corps sans pesanteur, que le moindre souffle fait changer de place. Sous le règne de Philippe II, Dominique de Jésus-Marie, religieux d'un monastère de Madrid, était sujet à ces sortes d'extases. Le bruit de ce prodige étant parvenu aux oreilles du roi, ce dernier voulut s'assurer par lui-même d'une chose si extraordinaire. Un jour que le religieux était ravi en sa présence et planait au-dessus du sol, le monarque s'approcha et souffla sur lui à plusieurs reprises. Chaque fois le corps de l'extatique obéissait à l'impulsion donnée par le souffle. Marie d'Agréda offrait souvent dans ses ravissements le même phénomène.

L'extase que je viens de décrire prend quelquefois le nom d'extase volante. C'est lorsque le saint, en ravissement devant un crucifix ou toute autre image pieuse, désire tellement s'unir avec l'objet de ses contemplations, qu'il est tout à coup transporté vers lui comme poussé par une sorte d'attraction électrique. Un moine italien, qui vivait dans la première moitié du dix-septième siècle, Joseph de Copertino, offrait souvent ce genre de phénomène. Il possédait aussi le don du dédoublement, et Gorres lui consacre de longues pages dans sa *Mystique*. Je me contenterai de citer le passage suivant :

« Joseph, dès sa première jeunesse et comme il demeurait encore à Grotella, était entré, le jour de la fête de saint François, dans une petite chapelle entourée d'oliviers et située à une portée d'arquebuse de son couvent. Les Frères entendirent bientôt partir de là un cri qui fut répété cinq fois. Ils accoururent, et ils virent Joseph à la voûte à demi ruinée de la chapelle, tenant embrassée une croix et élevé de vingt palmes au-dessus de terre. Une autre fois, dans cette même église, la nuit de Noël, ayant entendu le son des fifres de quelques bergers qu'il avait invités à venir honorer la naissance de l'enfant Jésus, il fut inondé d'une telle joie qu'il se mit à danser. Puis il poussa un profond soupir, jeta un grand cri et s'envola comme un oiseau du milieu de l'église jusqu'au maître-autel, qui était à plus de cinquante pieds de distance ; et dans son ravissement, il tint embrassé le tabernacle pendant un quart d'heure, sans faire tomber un seul des cierges qui brûlaient en grand nombre sur l'autel, et sans qu'aucun de ses vêtements prît feu. L'étonnement des bergers fut grand, on le pense bien, mais celui des Frères de son ordre et des habitants de Copertino ne le fut pas moins, lorsqu'un jour, à la fête de saint François, revêtu de la chape pour assister à la procession qui devait avoir lieu, il s'envola tout d'un coup sur la chaire de l'église, haute de quinze palmes et resta pendant longtemps à genoux les bras étendus, abîmé dans l'extase sur l'extrême bord de la chaire. »

Quelquefois ce n'est plus l'extatique qui est transporté vers l'image qu'il contemple, mais bien cette dernière qui se décroche du mur pour venir se placer entre ses mains ou se coller sur ses lèvres. L'attraction magnétique dont il est le siège subit alors une sorte d'action réflexe. Dans le deuxième volume de sa *Mystique*, Gorres cite de nombreux exemples de crucifix et de saintes images répondant ainsi à l'appel des religieux ou religieuses qui les invoquaient. J'y renverrai le lecteur. On trouve dans le même volume de curieux détails sur une autre classe de miracles non moins remarquables, je veux parler des serrures et des portes qui s'ouvraient d'elles-mêmes devant certains extatiques lorsque ceux-ci allaient prier dans une église. Je montrerai tout à l'heure que ces divers phénomènes sont des effets du fluide mesmérien qui se dégage dans l'extase, car on les voit se reproduire dans la pratique du magnétisme.

La force mystérieuse qui porte l'extatique vers les choses saintes qu'il contemple, étant assimilée à une attraction électrique, on peut se demander pourquoi l'analogie n'est pas complète; en d'autres termes, pourquoi, à côté des mouvements attractifs, il ne se produit pas des actions en sens contraire, je veux dire des mouvements répulsifs. L'extase ne saurait amener de tels effets. Un religieux, abîmé dans la contemplation des pieuses images, ne peut éprouver qu'une impulsion attractive. Mais le mysticisme a deux pôles : l'extase et l'obsession. Qu'un croyant d'un naturel timide et craintif commette une faute qu'il n'ose avouer à son confesseur, sous le poids du remords qui le torture, de la honte dont il s'est couvert, de la damnation éternelle qui l'attend, il est assailli par les idées les plus noires. Le fluide issu d'un tel cerveau est nécessairement l'antithèse de celui qui se dégage d'un extatique. L'amour des choses saintes fait place alors dans la tête et le cœur de notre croyant à une aversion profonde. Au lieu de se sentir attiré comme autrefois vers les autels, il est entraîné en arrière par une puissance irrésistible. Qu'on essaye de le contraindre, que des hommes vigoureux s'efforcent de le retenir, il leur échappe en déployant une vigueur extraordinaire, et parfois, on le voit dans sa fuite, grimper au sommet du clocher ou sur les arbres les plus élevés, avec l'agilité d'un oiseau ou d'un écureuil. Je consacrerai quelques pages du dernier chapitre à ces prodiges les plus surprenants peut-être de la mystique. J'ajouterai seulement ici un fait digne de remarque et facile à prévoir. Si dans un cerveau mal équilibré, le remords d'une faute et la crainte du châtiment viennent se heurter à une foi vive et à l'espérance du pardon, le fluide qui se distille de cet amalgame cérébral change de nature chaque fois qu'une des tendances contradictoires devient prépondérante, et le patient se montre tour à tour obsédé et extatique. Un jeune novice espagnol du monastère de Morerola, qui vivait vers la seconde moitié du douzième siècle, offre un singulier exemple de ce genre. Son biographe nous apprend qu'il était simple d'esprit et d'une ignorance extrême. S'étant enfui du couvent, il conçut bientôt un violent repentir et revint auprès des frères. Mais le souvenir de sa faute le poursuivant toujours, il ne tarda pas à présenter tous les phénomènes de l'obsession : grincements de dents, écume aux lèvres, blasphèmes horribles, dialogue de l'esprit obsesseur avec l'exorciste, etc. Un jour, comme il sortait d'une de ses crises, il tomba en extase. Il se vit dans une église au milieu d'une foule de saints personnages, parmi lesquels figurait saint Bernard, patron de son ordre. Ils se mirent aussitôt en devoir de célébrer l'office divin suivant le rit cistercien. Le jeune novice répondait au chœur chaque fois que c'était son tour de chanter avec un à-propos et un savoir-faire d'autant plus remarquable, qu'il ne connaissait ni le chant ni le rit cistercien. Les frères, qui suivaient tous ses mouvements, ne pouvaient en croire leurs oreilles. Tous les intervalles étaient observés avec une précision mathématique. Après la messe, il assista aux vêpres de la même manière. Quand il fut au *Magnificat*, il entonna une antienne qu'aucun des religieux du couvent n'avait jamais entendue. Ces cérémonies terminées, saint Bernard s'avança vers lui, lui reprocha sa fugue, les pommes qu'il avait volées au jardin, les paroles échangées sans permission avec un autre frère, et le condamna à recevoir la discipline. On le vit aussitôt se déshabiller jusqu'à la ceinture, puis s'agenouiller et se frapper la poitrine en disant vingt-cinq fois de suite : « Par ma faute, je veux me corriger ». Chaque *mea culpa* était suivi d'une pause qui permettait au patient de recevoir la flagellation. Dès que cette vision eut pris fin, les symptômes de la possession reparurent, puis l'extase recommença de nouveau. Pendant quatre jours, ce fut une alternance de phénomènes obsesseurs et extatiques. Chaque vision se terminait comme la première par la discipline. A la septième, il était si exténué qu'il tomba en défaillance. Les frères, croyant qu'il allait rendre le dernier soupir, récitèrent pour lui les prières des agonisants. Il se releva, et après une dernière messe, dans laquelle il remplit les fonctions de sous-diacre, il lut à haute voix l'épître, bien qu'il sût à peine épeler les lettres ; il s'endormit, et à son réveil se trouva complètement guéri. Ses fautes ayant été expiées tant par son repentir et ses prières, que par les flagellations imaginaires qu'il avait reçues, il fut délivré de l'obsession et perdit du même coup la faculté de l'extase.

Les diverses sortes de prodiges que je viens de passer en revue étaient fréquents chez les thaumaturges des premiers siècles du christianisme, et se sont continués pendant tout le moyen âge. Ils diminuèrent en nombre et en éclat à mesure que s'attiédit la foi qui les faisait naître, et semblent avoir complètement disparu avec la marche de l'esprit scientifique. La plupart sont en opposition si formelle avec les lois de la nature, et s'éloignent tellement de ce que nous voyons dans le cours ordinaire de la vie, qu'ils apparaissent comme des légendes que l'on met sur le compte de l'ignorance et de la superstition. Je suis loin de méconnaître la grande part qu'il convient de faire à l'hallucination et à la crédulité aux époques de foi naïve. Le rôle de ces deux facteurs du cerveau humain est alors si prépondérant que l'atmosphère de chaque couvent devient une sorte de milieu surnaturel, qu'il suffit de respirer pour que religieux et religieuses s'affranchissent des liens terrestres et planent dans le monde du merveilleux. Mais on ne peut nier certains miracles, car ce serait donner un démenti ridicule et puéril aux historiens de tous les pays, ainsi qu'au millier de personnes qui en ont été témoins. Ceux qui les déclarent impossibles se basent sur ce qu'il ne s'en produit jamais aucun sous leurs yeux. Ils oublient que s'ils changeaient de continent, leurs dénégations n'auraient plus aucune raison d'être, et que leur scepticisme tomberait devant l'évidence des faits. Le miracle, ayant pour essence première la foi, a disparu des pays que le rationalisme a pénétré de son souffle, c'est-à-dire des contrées où dominent les races viriles de l'Occident, qui appartiennent, comme on sait, aux rameaux les plus nobles de la famille aryenne. Mais il se manifeste encore avec une vigueur surprenante partout où les croyances religieuses ont conservé la ferveur des premiers âges. Le monde musulman, le monde brahmanique et le monde bouddhique, pour ne citer que ces trois exemples, ont eux aussi leurs *Acta sanctorum*. L'extase s'observe tous les jours, et il est à remarquer qu'elle atteint parfois des proportions inconnues de nos thaumaturges les plus célèbres. Dans le chapitre consacré au *Vampire posthume*, je raconterai un des faits merveilleux accomplis par certains fakirs de l'Inde, et dont les officiers anglais ont été plusieurs fois témoins. Les missionnaires qui parcourent ces contrées ne pouvant nier les miracles qu'ils voient se produire sous leurs yeux, essayent de se tirer d'affaire en invoquant l'action démoniaque. Euphémisme enfantin, renouvelé de Zoroastre et emprunté par ce dernier aux révélateurs des premiers âges du monde. En réalité, il n'est besoin d'aucune intervention occulte pour expliquer ces prodiges, car ils sont la conséquence naturelle des phénomènes que fait surgir le fluide mesmérien chez les personnes qui s'adonnent à la vie ascétique. Nous avons vu, en effet, dans ces dernières années, somnambules et médiums reproduire à leur insu une foule de choses merveilleuses qu'on croyait le propre des extatiques. Sainte Madeleine de Pazzi offrait dans ses ravissements les phénomènes du somnambulisme moderne. Les religieuses lui bandaient les yeux ou fermaient les volets de sa cellule. Elle n'en continuait pas moins dans cet état les travaux qu'elle avait commencés, travaux souvent très délicats, comme la peinture des saintes images, et elle y apportait une telle précision qu'on les a conservées dans le couvent. On sait que les personnes plongées dans le sommeil magnétique reproduisent chaque jour des expériences de ce genre. Sainte Françoise, Romaine, devenait immobile toutes les fois qu'elle tombait en extase. Comme il arrive d'ordinaire, ses membres offraient alors la rigidité d'une statue de marbre, et quelque effort qu'on fit on ne pouvait détacher ses bras croisés sur la poitrine, ni faire mouvoir ses jambes. Elle n'entendait aucune des questions qu'on lui adressait. Ses supérieurs eux-mêmes avaient beau la sommer au nom de l'obéissance de leur parler ou de les suivre, elle restait muette et impassible devant les injonctions les plus formelles. Mais la scène changeait dès que son confesseur était auprès d'elle. Elle entendait tout ce qu'il disait, obéissait à chacun de ses désirs, se levait ou s'asseyait suivant qu'il lui en donnait l'ordre, mais demeurait passive et immobile pour tout autre. Elle rappelait ainsi en tout point ce qui se passe entre un magnétiseur et sa somnambule. On sait que celle-ci est sous la puissance exclusive et absolue de son dominateur, qu'elle obéit au moindre geste, à la moindre volonté de ce dernier, qu'elle entend tout ce qu'il dit, qu'elle répond à chacune de ses questions, mais qu'elle est sourde et muette pour toute autre personne, tant qu'elle n'a pas été mise en rapport avec elle par le magnétiseur. Dans les annales du mesmérisme et de la sorcellerie, sciences qui se touchent de très près, on trouve de nombreux exemples d'hommes ou de femmes s'élevant au-dessus du sol sous l'action du fluide magnétique, et s'élançant parfois à une certaine hauteur. Ce phénomène rappelle le transport aérien des extatiques et des obsédés ; il était connu de l'antiquité. Le compagnon d'Apollonius de Tyane, Damis, raconte qu'il a vu les brahmanes s'élever dans leurs cérémonies à deux coudées au-dessus du sol, et il avait été tellement impressionné par ce spectacle, qu'il y revient à plusieurs reprises dans ses mémoires. On sait que ce prodige était familier à Simon le Mage, qui, un jour, fit une chute à Rome dans une de ses ascensions. Certains fakirs l'ont reproduit devant des officiers anglais de l'armée des Indes. De nos jours, il a été renouvelé par divers médiums, entre autres par le célèbre Home, qui s'élevait avec son fauteuil jusqu'au plafond de la salle où il donnait ses séances spirites. Sainte Thérèse, qui offrait parfois ce genre de phénomène, nous apprend qu'elle sentait alors sous la plante des pieds une poussée verticale qui la forçait à s'élever en l'air. Si à ce moment elle se trouvait en présence de quelqu'un, ce n'est qu'à grand'peine qu'elle pouvait résister à une telle impulsion. Ce témoignage, confirmé soit par d'autres extatiques, soit par des médiums, nous met sur la voie de l'explication du prodige. Nous avons vu qu'une des propriétés de l'éther mesmérien est de rendre plus légers les corps imprégnés de ses effluves. Dès lors, il suffit d'un dégagement anormal de ce fluide dans une personne pour qu'elle puisse s'élever au-dessus du sol, à la façon d'un ballon convenablement gonflé.

Passons à une autre classe de miracles: les portes et les serrures dont on parle dans la vie des saints comme s'ouvrant d'elles-mêmes devant certains religieux, rappellent encore un effet du mesmérisme, car ces phénomènes se reproduisent dans la pratique du magnétisme. Du Potet avoue qu'il a été plusieurs fois témoin de tels prodiges. « J'ai vu, dit-il, des portes s'ouvrir et se fermer devant moi, sans que je puisse m'expliquer la cause de cette action mystérieuse. » Ces faits se présentant dans le cours de ses opérations magnétiques, il est à présumer que l'être invisible qui faisait office d'huissier n'était autre que la personnalité fluidique de Du Potet lui-même. Cette manière de voir est confirmée par l'anecdote suivante que j'emprunte à Louis Jacolliot (*Voyage au pays des perles*). Le héros de l'aventure était un des fakirs le plus en renom du Maysour. Dans une réunion où se trouvait l'auteur du récit, l'Hindou exécuta divers prodiges dénotant chez lui une puissance magnétique extraordinaire. Un jeune garçon tomba en somnambulisme sans que le fakir parût s'en occuper, et les assistants sentant que le sommeil les gagnait étaient obligés de détourner leur regard pour échapper à l'influence fascinatrice des yeux du charmeur. D'un geste ou d'un seul acte de sa volonté, il remuait et déplaçait les meubles situés au fond de la salle. Il ouvrait une porte de la même façon, puis la refermait, puis l'ouvrait encore. Ici le doute n'est plus possible, et l'action mystérieuse dont parle Du Potet est bien réellement un effet du mesmérisme.

Les miracles accomplis par les extatiques des diverses religions offrent un champ si vaste, qu'il est impossible de le parcourir en entier. J'ai dû me borner à l'analyse de quelques exemples. Si écourtée qu'elle soit, elle suffira pour montrer dans quel ordre d'idées il convient de chercher l'explication rationnelle de ces phénomènes. Bien que le mesmérisme ne soit pas encore sorti de sa période empirique, il a opéré assez de prodiges pour qu'on puisse pressentir ce qu'il révélera le jour où les physiciens, se décidant à l'observer de près, le feront entrer dans le domaine scientifique en le soumettant aux investigations de la méthode expérimentale. Aux nombreux faits que j'ai cités, j'ajouterai le suivant, qui démontrera une fois de plus que la puissance de cet agent n'a pas de limites. Un de ses caractères essentiels est de résister aux actions chimiques et même à celles du feu. Cette dernière propriété, connue depuis longtemps des magnétiseurs, a été vérifiée lors de l'épidémie morale qui sévit en Savoie, notamment à Morzine, dans les années qui précédèrent et suivirent l'annexion de cette province à la France. Une jeune fille étant tombée en crise, on plaça un charbon ardent sur sa main, et on l'y laissa plusieurs minutes, sans qu'il occasionnât aucune trace de brûlure. Le fluide dégagé par la patiente formant atmosphère autour de ses membres, l'action du feu se trouvait arrêtée par la couche d'effluves magnétiques interposée entre la main et le charbon. Ce fait rend compte d'un phénomène longtemps incompris, je veux parler de l'homme *incombustible*. On sait que certains individus possèdent la faculté singulière de plonger rapidement leurs bras dans la fonte en fusion ou de passer sur leurs membres un fer incandescent, sans éprouver le moindre mal. Il y a quelques années, un savant physicien, M. Boutigny, donna l'explication de ce prodige, en s'appuyant sur un état particulier de l'eau, l'état sphéroïdal. Aux approches de la matière incandescente, les liquides contenus dans le corps humain, se vaporisant tout à coup, forment au-dessus de l'épiderme une couche de vésicules aqueuses, qui, servant d'écran, arrête l'action du feu. Cette ingénieuse hypothèse, basée sur les données les plus certaines de la science, a pris rang parmi les découvertes de la physique moderne. Mais est-il bien certain qu'elle suffit à rendre compte de tout ce qu'on observe chez les sujets *incombustibles ?* J'ai vu, pour ma part, une négresse du Cap promener à plusieurs reprises un fer rouge sur ses bras, ses jambes, sa langue, etc., et je suis sorti de ce spectacle avec la conviction que toute autre personne, opérant dans des circonstances identiques, se serait horriblement brûlée. Du reste, pas de supercheries possibles : les assistants eux-mêmes faisaient rougir le fer dans un brasier allumé devant nous, et le présentaient à la sauvagesse. C'était bien pis dans les procès de magie, où l'on soumettait les accusés à l'épreuve du feu. Ici le doute n'est plus permis. Ceux qui sortaient victorieux de cette terrible épreuve, ne devaient leur immunité qu'au fluide que dégagent les pratiques de la sorcellerie, comme je l'indiquerai au chapitre suivant. N'oublions pas que Simon le Mage, qui connaissait tous les prodiges du mesmérisme moderne, lycanthropie, évocation des fantômes, marche aérienne, déplacement des meubles et des statues, guérison des paralytiques, etc., traversait les flammes d'un bûcher sans être atteint.

La propriété que possède le magnétisme animal, de résister aux actions chimiques et à celles du feu, a pour corollaire la persistance presque indéfinie de ses effluves dans les objets qui en ont été imprégnés. Ce fait donne la clef de plusieurs prodiges racontés dans la vie des saints ou dans les annales de la sorcellerie. Un missionnaire rapporte que lorsque les devins des tribus indiennes de l'Amérique du Nord voulaient évoquer les esprits, ils commençaient par faire sortir les Européens du lieu où devait se faire la cérémonie. Sans connaître le mesmérisme, ils savaient que la présence d'un seul individu de croyance étrangère suffisait pour empêcher les esprits d'apparaître. Un jour que deux ou trois d'entre eux étaient depuis plusieurs heures en prières, sans que l'esprit évoqué se montrât, étonnés de ce retard, ils crurent que quelque intrus se cachaient dans leur habitation, et la fouillèrent en tous sens. Ayant trouvé dans un coin le vêtement d'un Espagnol, ils le jetèrent par la fenêtre, et bientôt l'esprit répondit à leur appel. Le fluide dont le vêtement de l'Européen était imprégné avait suffi pour neutraliser celui que dégageait les devins dans leurs chants et leurs formules évocatrices. Des faits analogues se sont souvent produits chez nous sous d'autres formes; tels sont les effets observés chez les possédés qu'on conduisait au tombeau d'un saint ou sur lesquels on déposait son image ou tout autre objet lui ayant appartenu. Ils entraient en fureur dès qu'ils sentaient le voisinage de ces reliques, même lorsqu'on les approchait à leur insu. Un enfant qui était somnambule cessait de le devenir chaque fois qu'on mettait, sans qu'il s'en doutât, un morceau de buis béni dans sa casquette.

Les cures et autres prodiges qui avaient lieu au cimetière de Saint-Médard, sur la tombe du diacre Pâris, rentrent dans ce même ordre de phénomènes. On sait que le célèbre janséniste possédait la foi ardente d'un thaumaturge et la piété d'un anachorète. Il consacra sa vie tout entière, ainsi que son patrimoine, aux bonnes œuvres et à la défense de ses idées. Ayant lutté jusqu'au dernier instant, il mourut imprégné du fluide qu'il n'avait cessé de répandre dans ses controverses et la pratique des vertus chrétiennes. Aussi sa tombe devint-elle bientôt le théâtre de choses extraordinaires. Je ne reviendrai pas sur les convulsionnaires de Saint-Médard : ce sont des événements connus de tout le monde. Je ferai seulement une remarque, qui n'est pas sans importance. Quelque temps après que les pèlerinages vers le tombeau du saint eurent commencé, on s'aperçut que tout le cimetière était mesmérisé. Il suffisait de ramasser quelques grains de sable ou de terre, pris au hasard dans cette enceinte, pour qu'on vît apparaître chez certaines personnes les prodiges qui ne se manifestaient au début que sur la tombe du diacre. Faut-il supposer que cet immense dégagement de fluide provenait de celui dont étaient imprégnés le corps et les vêtements du thaumaturge. Nous ne le pensons pas. Il est plus rationnel d'admettre que ce fluide était le trop-plein de celui qui s'échappait de la multitude des croyants abîmés dans la prière, l'extase, les cris et les contorsions. Cette manière de voir est confirmée par ce qui se passe chaque jour dans les fontaines miraculeuses. Ceci demande quelques explications.

A toutes les époques et dans tous les pays, il existe des sources qui ont la réputation d'opérer des cures. On les rencontre jusque chez les peuplades sauvages de la Polynésie. Ces fontaines ont une vogue, puis tombent en discrédit, et finissent par être délaissées pour d'autres. Cependant on continue à s'y rendre à certains jours de l'année. Mais ce n'est plus qu'un reste de tradition, un rendez-vous de fête, où les divertissements ont plus de part que la piété. J'en ai rencontré plusieurs de ce genre soit dans la Catalogne, soit dans les Pyrénées françaises. Ce qui s'est passé à la Salette et à Lourdes est la répétition de ce qu'on voit partout ailleurs. On connaît les commencements de ces sources miraculeuses; je parle du récit historique et non légendaire. Les débats qui s'ouvrirent devant le tribunal de Grenoble, au sujet de la Salette, donnent à cet égard les détails les plus circonstanciés et les moins équivoques. Il en eût été de même à Lourdes, si la justice avait procédé à une enquête. Devant des origines tenant si peu du surnaturel, les évêques de Grenoble et de Tarbes essayèrent de s'opposer à l'engouement de la foule, qu'ils savaient dupe d'une mystification. Mais ils avaient compté sans les croyants et le mesmérisme. L'élan une fois donné, tout le monde accourut. Du sein d'une multitude qui, dans les transports d'une foi ardente, tombe à genoux enivrée par l'atmosphère d'encens, de musique, de lumières dont s'entourent les pompes du culte, il se dégage une sorte de *aura magnetica* qui, comme à Saint-Médard imprègne tout de ses effluves. Le malade venu pour obtenir une guérison, déjà à demi mesmérisé par les préparations auxquelles il s'est soumis, jeûnes, confessions, communions, ferventes prières, etc., achève de le devenir tout à fait sous l'influence du milieu où il est plongé. Il respire un air magnétisé, marche sur un sol magnétisé, se traite avec une eau magnétisée (1). Qu'il s'agisse d'un mal affectant le système nerveux, tel qu'une paralysie des membres, de la vue ou de l'ouïe, la commotion morale qu'éprouve le patient peut être assez forte pour galvaniser tout son être, provoquer une crise salutaire et amener la cure. Une telle guérison ne se maintient pas toujours, les forces vitales se trouvant trop affaiblies pour répondre à l'impulsion qui leur a été donnée. Mais parfois aussi, elle est durable, et le miracle apparaît alors dans toute sa merveilleuse splendeur. C'est ce qui est arrivé à Lourdes et à la Salette, et les prélats, vaincus par les faits, ont dû lever l'interdiction, et suivre le courant commun.

Veut-on une preuve plus directe, on pourrait presque dire tangible, de l'action magnétique due à

---

(1) On sait que l'eau peut être magnétisée. Les praticiens obtiennent ce résultat en soufflant dans un verre rempli de ce liquide. Cette boisson est employée avec succès dans le traitement de certaines maladies.

une force collective ? Chez certains insulaires de la mer du Sud, le peuple s'assemble tous les ans pour assister à un tournoi auxquels sont conviés les génies protecteurs des divers villages. Au centre d'une immense salle est une barque autour de laquelle se range la multitude. Chaque génie est appelé par son nom à tour de rôle, et invité à montrer sa puissance en faisant mouvoir l'embarcation. Aussitôt tous les regards de se porter vers cette dernière, notamment ceux des habitants du village qui est en scène. L'anxiété se peint sur leur visage, car ils désirent ardemment que leur patron obtienne les honneurs de la victoire, et concentrent vers ce but toutes les forces vives de leur volonté. Après quelques instants d'attente, on voit la barque avancer ou reculer. Puis on passe à une autre. Celui qui a obtenu le plus grand déplacement, est proclamé vainqueur. Les missionnaires, témoins de ces prodiges, invoquent, suivant leur habitude, l'action du démon. Ils oublient que ce qui se passe sous leurs yeux est la répétition, sur une plus grande échelle, de ce qui a lieu chaque jour dans les réunions spirites, où une table massive s'anime et se meut au désir de quelques assistants.

Résumons-nous. Dans chacun des exemples que je viens d'analyser, on a reconnu l'action directe de l'éther mesmérien, ou de la personnalité mystérieuse à laquelle il peut donner naissance. Chez les extatiques, cette personnalité arrive parfois au dédoublement. La vie ascétique et une foi ardente, exaltant outre mesure la sensibilité des centres nerveux, provoquent un grand dégagement de fluide, et deviennent ainsi les véritables facteurs du miracle. Ajoutons comme autre cause prédisposante, le célibat. Tous les grands thaumaturges, depuis Moïse jusqu'à Swedenborg, vivaient dans la continence. Il y avait en eux pléthore d'électricité vitale. On sait que les magnétistes perdent leur pouvoir fluidique lorsqu'ils se livrent aux sens, et qu'ils le recouvrent dès qu'ils reviennent à une vie austère. Cette interprétation du miracle, confirmé par les effets du somnambulisme et des médiums, qui renouvellent journellement les prodiges des extatiques, peut, croyons-nous, être généralisée et s'appliquer à tous les faits du même genre. Qu'on me permette de citer un dernier exemple à l'appui. Parmi les récits surprenants que l'on rencontre en parcourant l'œuvre des Bollandistes, il en est un assez fréquent dans les premiers siècles de l'Église, qui dépasse, en quelque sorte, les autres par son étrangeté. C'est la correspondance écrite entres posthumes et incarnés. On allait passer la nuit en prières auprès du tombeau d'un saint personnage, après y avoir déposé une lettre contenant une question, et le lendemain, la réponse se trouvait tracée au bas de la demande. Je dois observer qu'on était venu sur la recommandation d'un autre saint personnage, en vie cette fois, qui, se portant garant de la réponse, faisait office de médium, car ce phénomène a été reproduit maintes fois dans les séances spirites. D'après Allan-Kardec, il suffit de placer dans un coin de la salle un papier renfermant la demande que l'on adresse aux esprits, et d'attendre dans le recueillement. La réponse arrive au bout de dix minutes, un quart d'heure ou davantage, suivant la puissance de l'évocateur dont la personnalité fluidique remplit silencieusement les fonctions de scribe. Il n'est pas inutile d'ajouter que cette épreuve ne réussit que très difficilement, les thaumaturges étant aussi rares chez les médiums qu'ailleurs.

CHAPITRE IX

L'éther mesmérien et la personnalité qu'il engendre (suite). — Prodige de la magie.

Passons à un autre ordre de phénomènes, relevant, comme ceux qui précèdent, de l'éther mesmérien, mais différent de ces derniers par le mode d'origine. Ici, ce sont des procédés artificiels qui font surgir la personnalité fluidique. On voit que je veux parler des prodiges de la magie. Ce mot a eu la même destinée que celui de miracle. Les esprits crédules en ont tellement abusé, que les hommes de science ont cru devoir le nier systématiquement. Mais des faits indiscutables établissent que les magiciens ont eu leurs thaumaturges aussi bien que les extatiques et les médiums. Notre devoir est donc d'analyser ces faits sans préventions, et ce que nous savons déjà du mesmérisme, nous permettra facilement de les rattacher aux lois du temps et de l'espace. Dès le début, nous trouvons une contradiction singulière. Au siècle dernier, les magistrats, comprenant l'odieux et le ridicule des procès de sorcellerie, les bannirent de nos codes, et tout le monde d'applaudir à cette mesure. Mais quand on parcourt les annales judiciaires du moyen âge, on ne voit dans les divers Etats de l'Europe que poursuites et condamnations contre les sorciers. Comment se rendre compte d'une telle anomalie? Pendant plusieurs siècles, la magie avait pris un si grand développement dans certaines contrées, qu'elle y fonctionnait à l'égal d'une institution nationale. Ce n'était pas seulement les populations ignorantes et grossières qui donnaient ce triste spectacle. Les peuples les plus policés subissaient eux aussi la fatale influence. Le drame de Shakespeare, où vient screfléter d'une manière si énergique le génie de la vieille Angleterre, nous montre la place que la sorcière occupait encore à cette époque dans les esprits. Comment ce personnage, qui remplit de sa turbulente activité les annales de nos pères, a-t-il subitement disparu de la scène du monde! S'il ne se rencontre plus parmi nous, ou plutôt s'il se manifeste encore par intervalle pour alimenter la risée du public sur les bancs de la police correctionnelle, il devait en être de même autrefois, se disent les gens sensés, et nous prenons en pitié les juges qui poursuivaient de tels délits avec toute la gravité que les magistrats de nos jours apportent dans l'instruction d'une affaire criminelle.

Si maintenant nous laissons là ces généralités philosophiques, pour étudier le côté pratique de la question, nous arrivons à des conclusions toutes différentes. Quand nous jugeons les hommes d'autrefois, notre équation personnelle nous conduit souvent à des appréciations peu équitables. Nous tombons surtout dans ce travers, lorsqu'il s'agit du moyen âge. L'absence de science rationnelle, et la superstition qui en était la suite, la stérilité des discussions métaphysiques auxquelles se livraient les esprits, la pauvreté de leur argumentation, l'intolérance qui formait le fond de toutes leurs doctrines, nous font attribuer aux hommes de cette époque une portée philosophique de peu d'étendue. Puis, nous laissant guider par des analogies irréfléchies, nous admettons comme conséquence nécessaire que cette infirmité morale devait se faire jour dans tous les actes de la vie. C'est une grave erreur. L'esprit le plus obtus montre d'ordinaire une justesse de pénétration étonnante, quand il s'agit d'apprécier les choses d'un usage journalier. C'est à ce point de vue qu'on doit se placer, si on veut se rendre compte des anciens procès de sorcellerie. Les jurisconsultes du moyen âge étaient aussi avisés, aussi circonspects, aussi versés dans la pratique du droit que ceux de nos jours, et la procédure que nous suivons, nous vient en droite ligne de celles qu'ils avaient adoptée, et qu'ils tenaient des jurisconsultes romains. Quand on dépouille nos vieilles archives judiciaires, on est frappé de la conformité qu'offrent leurs procès-verbaux avec les nôtres. Ce sont les mêmes moyens d'investigations, le même désir d'arriver à la vérité, la même minutie dans les recherches, le même mode de rédaction, et, sauf l'idiome, on pourrait dire le même style. On ne prononçait une condamnation que lorsque les accusés avouaient leurs crimes, ou qu'on avait des preuves matérielles de culpabilité bien établie. Les tribunaux qui, pendant si longtemps, ont instruit les procès de sorcières en France, en Allemagne, en Angleterre, en Italie, etc., étaient composés des hommes les plus instruits, les plus recommandables de leurs pays. Ces femmes confessaient souvent les méfaits qu'on leur imputait, et donnaient des détails qui, vérification faite, se trouvaient conformes à la vérité. Des milliers d'arrêts, qui nous ont été conservés avec les pièces justificatives, établissent de la manière la plus formelle les pratiques de la magie. Malheureusement, la pente était glissante en pareille matière, et la superstition d'un côté, de l'autre l'esprit d'inquisition qui régnait à cette époque, firent maintes fois dévier la justice. Tout acte qui semblait sortir des limites des possibilités humaines, rendait suspect et vous faisait accuser. Aviez-vous un voisin d'un caractère faible ou ombrageux, et lui survenait-il une maladie ou un accident quelconque, il vous dénonçait comme lui ayant jeté un sort. Tout le monde finissait par être sorcier ou hérétique. Cette épidémie morale n'épargnait personne. Elle atteignait les plus grands personnages aussi bien que les plus petits. Il suffit de rappeler Jeanne d'Arc, brûlée vive, parce qu'elle avait su ranimer le courage des Français et réveiller leur patriotisme. Urbain Grandier, condamné au même supplice, pour avoir ensorcelé un couvent de religieuses; Guttenberg soupçonné d'avoir des connivences avec le diable, dans la transcription de ses bibles, qu'il opérait si rapidement et d'une manière si parfaite. Les femmes étaient principalement l'objet des accusations de ce genre. C'était assez qu'une d'elles fut aux prises avec l'âge et la pauvreté, pour qu'on la déclarât sorcière. Le cœur saigne quand on songe à Kepler, obligé d'interrompre les travaux qui devaient immortaliser son nom pour aller arracher aux mains du bourreau sa vieille mère, menacée du dernier supplice, sur une dénonciation de sorcellerie, et les juges, fatigués enfin de voir de telles infamies se répéter tous les jours, et comprenant l'odieux qui retombait sur eux-mêmes, finirent par abolir ces procès, comme ils avaient aboli la torture, qui arrachait aux innocents aussi bien qu'aux coupables tous les aveux qu'on exigeait.

Reste à expliquer comment la sorcière a si complètement disparu du milieu de nous, qu'on n'en parle plus que pour mémoire. Deux circonstances rendent compte de ce fait. L'état social au moyen âge n'était trop souvent que confusion et chaos. Les guerres incessantes qui ensanglantaient les divers pays de l'Europe décimaient les populations en même temps qu'elles les ruinaient, traînant presque toujours après elles deux fléaux inséparables, la famine et la peste. Les basses classes se trouvaient dans une effroyable misère. L'œuvre de destruction, commencée par les invasions germaniques, qui mirent fin au monde ancien, s'est continuée pendant douze siècles. Faut-il rappeler ce que racontent nos vieux chroniqueurs sur cette lamentable époque, et, dans un temps plus rapproché de nous, ce que Vauban disait des populations rurales de la France ? Dans un tel milieu, la démoralisation était inévitable. Le cœur humain se pervertit facilement sous l'aiguillon des nécessités premières. La lutte pour l'existence devenait une sorte de cannibalisme inconnu, comme si, par une transformation de force morale, les instincts pervers avaient absorbé à leur profit ce qu'il peut y avoir de bon dans notre nature. Le ciel devenant sourd à la voix de ceux qui l'implorait, on eut recours aux évocations infernales. Les pauvres gens cherchèrent dans les pratiques de la magie ce qu'ils ne pouvaient plus trouver ailleurs. Une sorte de cauchemar pesait sur toutes les âmes. Cette fièvre antisociale cessa à mesure que s'éloignèrent les causes qui l'avait alimentée. Quand l'ordre et la tranquillité eurent reparus en Europe, les classes laborieuses retrouvèrent l'aisance et le bien-être dans le travail, et la magie perdit tout le terrain conquis par le nouvel état de choses. D'autre part, c'était dans l'action même de la justice, je veux dire dans l'existence officielle faite à la sorcellerie par les poursuites intentées contre elle, que cette institution recrutait ses adeptes. Le mal a parfois, surtout aux moments de crise, une puissance de contagion irrésistible. Chaque procès de magie en amenait d'autres, en divulguant les pratiques de ceux qui s'y livraient, devant un auditoire avide de merveilleux. Lorsque les magistrats eurent renoncé à ses poursuites, le bruit qui s'était fait cessa du même coup. On oublia peu à peu les moyens mis en usage par les initiés, et aujourd'hui il serait difficile de rencontrer un magicien réellement digne de ce nom. La sorcière est encore assez commune dans les campagnes; il n'est pas de vieilles femmes d'un extérieur négligé et appartenant à la classe pauvre qui échappe à cette dénomination. Mais, dans les entretiens que j'ai eu maintes fois avec celles qui m'étaient ainsi désignées, j'ai pu me convaincre qu'elles n'avaient aucune notion réelle des pratiques de la magie, ignorance que beaucoup d'entre elles regrettaient, car elles voyaient dans cet art un moyen d'arriver au bien-être et de se venger de leurs ennemis.

Quelques-unes savaient par ouï-dire que la première condition à réaliser pour devenir sorcière, était de se procurer un pot et un onguent. Mais leur science n'allait pas plus loin. La nature de cet onguent, son mode de préparation, le moyen de s'en servir, leur étaient complètement inconnus. Tout ce que j'ai pu constater, c'est que les plus malfamées avaient parfois le *mauvais toucher*, pour me servir de l'expression usitée, c'est-à-dire une sorte d'électricité animale de mauvaise nature, se transmettant par le contact, et pouvant causer quelques troubles passagers de peu d'importance, soit aux petits enfants, soit à certains animaux. Il est permis de voir dans ce fluide une dégénérescence de l'éther mesmérien, dont la production paraît liée à certaines prédispositions physiologiques des personnes qui en sont le siège, à la nature de leurs aliments, enfin aux mauvaises conditions hygiéniques du milieu dans lequel elles vivent.

Est-ce à dire que la magie ait disparu sans laisser aucune trace derrière elle? On n'oserait l'affirmer. Il n'est plus question de procès de sorcellerie, mais les pratiques de cet art se sont, paraît-il, conservées dans certaines familles, et plusieurs fois, dans ce siècle, on a pu constater des faits extraordinaires rappelant en tout point ceux que l'on reprochait aux anciens magiciens. C'étaient, comme d'ordinaire, des gens qui se dédoublaient par des procédés *ad hoc*, et dont le fantôme pénétrait dans une demeure du voisinage, pour se livrer à des vexations contre une personne sur laquelle on avait une injure à venger. Mirville raconte, dans tous ses détails, une anecdote de ce genre, arrivée, il y a une trentaine d'années, au presbytère d'une paroisse de la Seine-Inférieure, et qui, pendant plusieurs semaines, mit en émoi tout le canton. Le fantôme du berger Touret, atteint d'un coup d'épée pendant qu'il se livrait à une scène de désordre dans le salon du presbytère, demanda grâce tout en restant invisible, et promit de venir le lendemain faire ses excuses au curé. Le jour suivant, ce dernier vit arriver le berger portant sur le visage la blessure que son fantôme avait reçue la veille. Touret avoua tout. J'ai cité au deuxième chapitre deux exemples analogues tirés des annales judiciaires de l'Angleterre. J'en rapporterai encore un troisième, emprunté à la même source, et qui éclairera d'un jour nouveau les agissements du fantôme humain. Comme cette histoire est trop longue pour être transcrite en entier, je ne donnerai que le résumé :

Au mois de mars 1661, un notable de Lugarspal, dans le comté de Wilts, M. Mompesson, fatigué du bruit que faisait un mendiant avec son tambour, et pensant que ce vagabond était muni d'un faux passeport, le fit appeler. Après s'être assuré que ses soupçons étaient fondés, il retint le tambour, et livra le mendiant à la justice. Mais celui-ci parvint à s'échapper. Au mois d'avril, des bruits étranges et nocturnes se firent entendre dans la maison de M. Mompesson. Ils avaient lieu de préférence dans la chambre où l'on avait déposé le tambour. Ces bruits étaient de nature très diverses. Pendant longtemps, on entendit des roulements de caisse et des marches guerrières. D'autres fois, c'étaient des coups ou des grattements qui se produisaient sur le bois de lit des enfants. Puis vinrent des espiègleries de toute sorte. Le vacarme commençait d'ordinaire dès qu'on était couché, et se continuait quelques fois pendant deux ou trois heures. Cela dura plusieurs années; il cessait à certaines époques, mais reprenait de plus belle après quelques semaines ou quelques mois d'intervalle. On eut un jour la preuve que la cause de tous ces prodiges devait être attribuée au mendiant dont il vient d'être question. Ayant été arrêté pour vol, à Glocester, il reçut dans sa prison la visite d'un homme du comté de Wilts, et lui demanda s'il avait entendu parler du bruit de tambour qui avait lieu chez M. Mompesson. « Certainement, répondit ce dernier. — Eh bien! reprit le mendiant, c'est moi qui le tourmente ainsi, et je ne le laisserai tranquille que quand il m'aura rendu le tambour qui était mon gagne-pain. » Ces vexations s'adressaient plus particulièrement aux enfants, et M. Mompesson se vit forcé plusieurs fois, après les avoir fait changer inutilement de lit et de chambre, de les envoyer dormir dans une autre maison. La plupart des habitants de Lugarspal, ainsi que beaucoup d'étrangers des environs, furent témoins de ces prodiges. Le bruit s'en étant répandu jusqu'à Londres, le chapelain de Charles II, Glanvil, vint sur les lieux pour procéder à une enquête, et rédigea à ce sujet un mémoire qui fut publié quelques années plus tard. Quant à M. Mompesson, il avait beau parcourir les chambres où se faisait le tapage, un pistolet à la main, à la poursuite du fantôme invisible qui tourmentait ainsi sa famille, il ne rencontrait jamais rien : le vacarme cessait dans la pièce où il entrait pour recommencer dans une autre. Une fois, cependant, voyant des morceaux de bois remuer dans la cheminée, il y déchargea son arme et vit aussitôt quelques gouttes de sang sur le foyer. On en rencontra aussi d'autres dans l'escalier. Le fantôme avait été atteint et s'était enfui, mais il n'avait reçu qu'une légère blessure, car les manifestations nocturnes recommencèrent deux ou trois jours après. Comme tous les spectres, il redoutait les épées et les armes à feu, il luttait quelquefois avec celui qu'il tourmentait, quand il voyait que ce dernier saisissait une arme. Une nuit, un domestique de M. Mompesson, jeune homme fort et vigoureux, se sentant molesté dans son lit, voulut se servir d'une épée qu'il avait placée près de lui pour en frapper l'être invisible. L'arme lui fut disputée, et il eut beaucoup de peine à s'en rendre maître. Aussitôt le fantôme s'éloigna de la chambre. On fut moins heureux un autre jour. Quelqu'un ayant pris une tringle de lit pour éloigner le spectre qu'il sentait à ses côtés, celui-ci la saisit en même temps, l'arracha aux mains de son adversaire et la jeta à terre. Ces molestations ne cessèrent complètement que lorsque le vagabond, condamné comme sorcier, fut séquestré pour toujours. Dans l'intervalle, il avait été arrêté plusieurs fois pour vol ou pour tout autre méfait, et passait alors quelques jours ou quelques semaines en prison. C'était pendant ces époques de détention que le calme reparaissait dans la famille de M. Mompesson, car, ainsi que nous le verrons bientôt, les pratiques de la sorcellerie deviennent impossibles pour les prisonniers.

Un fait important se dégage de ce récit. Je vais le mettre en relief :

D'après l'analyse que j'ai faite du fantôme humain, on a pu constater que le tissu qui le compose est de nature fluide. Il semble découler de ce fait une conséquence immédiate : c'est que ce fantôme ne peut produire aucun effort musculaire d'une certaine importance. L'histoire de l'homme au tambour, corroborée par d'autres que je pourrais citer, donne un démenti à cette conclusion. D'après la peinture qu'on fait du mendiant, il était d'une grande force, et son fantôme participait naturellement de sa constitution athlétique. Mais cela ne saurait expliquer la vigueur qu'il déployait dans ses manifestations fluidiques. Il luttait avec ceux qu'il voyait saisir une arme, et un jour il parvint à arracher une tringle de lit des mains de son adversaire. Une autre fois, comme il soulevait le lit des enfants, espièglerie qui lui était familière, il fallut six hommes pour le retenir. On ne peut se rendre compte de ces faits étranges, qu'en admettant que dans le phénomène du dédoublement la personnalité fluidique peut emprunter au corps, dont elle se détache, toutes les forces vives contenues dans ce dernier. Ainsi s'expliquent les luttes opiniâtres et souvent douloureuses soutenues par les personnes qui ont à subir des vexations de la part des hommes pervers adonnés aux pratiques de la magie. Les annales judiciaires de la sorcellerie nous apprennent, d'ailleurs, que des femmes, accusées et convaincues de ce crime, ont reconnu avoir étouffé des enfants dans leur lit, pour venger une injure qu'elles avaient reçue du père ou de la mère.

J'ai dit que l'homme au tambour laissait en repos la famille Mompesson toutes les fois qu'il était en prison, parce qu'il ne pouvait plus se livrer aux pratiques de la magie. Il y a longtemps qu'on a fait la même remarque au sujet des sorcières qui ont rempli le moyen âge de leurs exploits. Tout leur pouvoir magique cessait dès qu'elles étaient aux mains de la justice. Comme à cette époque de superstition on ne voyait dans les faits qu'on leur imputait qu'une action manifestement diabolique, on s'étonnait à bon droit que le démon perdît tout pouvoir lorsqu'un des siens était sous les verrous, en d'autres termes qu'il suffit d'une porte de prison pour mettre à néant les puissances infernales. La chose est toute simple néanmoins, et s'explique d'elle-même. Tout l'art de la magie consiste dans le dédoublement de celui qui s'y livre. Or, on ne peut produire ce phénomène qu'à l'aide de certaines préparations et de certaines substances qu'on ne rencontre jamais chez les geôliers. Je vais donner quelques détails sur ces procédés.

Dans les procès de sorcellerie, il arrivait souvent que des femmes, contraintes par l'évidence, avouaient les faits qu'on leur imputait. Le premier était d'aller au sabbat. Mot vague qu'on appliquait à tous les voyages nocturnes attribués aux sorcières. Elles affirmaient qu'elles s'y rendaient non en imagination, mais avec leur corps. Maintes fois, les magistrats chargés des poursuites, désireux de vérifier par eux-mêmes et de donner un démenti à ces pauvres folles, leur rendait la liberté pour qu'elles pussent reprendre leurs voyages nocturnes, car elles étaient unanimes à déclarer qu'elles n'avaient aucun pouvoir tant qu'elles se trouvaient en prison. Cependant on les faisait surveiller, tantôt avec leur consentement, tantôt à leur insu. Dès que l'heure était venue, elles se déshabillaient et se frottaient le corps avec un onguent qu'elles avaient préparé. Elles tombaient aussitôt dans un sommeil léthargique, qui ne cessait qu'après plusieurs heures. Leur corps présentait l'insensibilité que nous avons signalée dans le sommeil magnétique. Les personnes chargées de les garder, les torturaient de mille manières en enfonçant des pointes aiguës dans leurs chairs, quelquefois même en brûlant certaines parties sensibles; elles ne pouvaient ni les réveiller, ni surprendre aucun mouvement. Les membres étaient d'une rigidité cadavérique. La léthargie terminée, elles reprenaient leurs sens et déclaraient qu'elles arrivaient du sabbat. En vain leur objectait-on qu'on ne les avait pas perdues un instant de vue, que leur corps était resté à la même place. En vain leur montrait-on les entailles et les brûlures qu'on avait fait sur leur chair, elles répétaient qu'elles avaient été au sabbat, et alléguaient comme preuves de leur dire les détails les plus circonstanciés sur ce qu'elles avaient fait, ainsi que sur les pays qu'elles venaient de parcourir et les personnes qui s'étaient trouvées avec elles. Elles terminaient en priant leurs juges d'aller aux renseignements ; vérification faite, on reconnaissait, le plus souvent, qu'on avait affaire à de pauvres hallucinées ; mais parfois aussi les résultats de l'enquête se trouvaient conformes en tout point aux déclarations des sorcières, ce qui redoublait la perplexité des magistrats, enfermés dans un cercle de faits contradictoires.

Quel était la nature de l'onguent qui produisait de tels effets physiologiques. En 1545, André Laguna, médecin du pape Jules III, était venu en Lorraine pour soigner le duc de Guise, lorsqu'on arrêta un homme et une femme accusés de sorcellerie. Une perquisition faite à leur domicile avait amené la découverte d'un pot contenant une pommade ou onguent de couleur verte. André Laguna en ayant fait l'analyse, reconnut que cette préparation contenait des sucs de diverses plantes narcotiques, parmi lesquelles il distingua la ciguë, la jusquiame, le solanum et la mandragore. La femme du bourreau se plaignant de névralgies et d'insomnies, il vit là un moyen de vérifier les propriétés de cette pommade, et en fit frotter le corps de la patiente ; celle-ci s'endormit aussitôt d'un sommeil léthargique. Il y avait trente-six heures qu'elle était dans cet état, lorsque le médecin, pensant qu'il serait peut-être dangereux de la laisser plus longtemps ainsi, la fit revenir à elle, ce qu'il ne put obtenir que par des moyens violents, entre autres par l'application des ventouses.

André Laguna n'est pas le seul médecin qui ait fait l'analyse de l'onguent des sorcières ; les substances qui entraient dans ses préparations variaient en nombre et en nature, mais étaient toujours empruntées aux plantes narcotiques. La jusquiame en formait souvent la base. Cardan nous fait connaître la recette d'un de ces onguents dans lequel on mélangeait l'opium, l'aconit, le pentaphyllum et le solanum avec du miel. L'effet produit par ces préparations variait nécessairement selon la nature des ingrédients qui les composait et la manière de s'en servir. Les virtuoses de l'art se frictionnaient les membres à sec, avant de les oindre, afin de rendre les pores plus accessibles à l'action du médicament. D'autres se contentaient de se frotter la paume des mains et la plante des pieds, ou bien toute autre partie du corps riche en faisceaux nerveux, telles que le crâne et l'épigastre. Quelques-uns ayant acquis, par l'habitude ou par une prédisposition naturelle, le pouvoir d'entrer à volonté dans le sommeil léthargique, dédaignaient ses précautions et se bornaient à se coucher et à s'endormir. C'était chez ces derniers qu'on observait d'ordinaire les effets les plus surprenants de la sorcellerie. J'y reviendrai tout à l'heure. Inutile d'ajouter que l'onguent magique produisait des résultats divers, puisque ils dépendaient à la fois de la constitution physique du patient, de la préparation qu'il employait et de la manière dont il en faisait usage. Le plus souvent, les sorcières n'obtenaient comme effet que de simples hallucinations analogues à celles qu'amène le hachisch des Orientaux. Elles parcouraient en rêve des campagnes délicieuses, ou bien entraient dans les maisons des personnes qu'elles savaient riches, tuaient le plus beau mouton de l'étable et, après l'avoir préparé, se mettaient en devoir de s'en régaler en l'arrosant du meilleur vin de la cave. Quelque somptueux que fût ce repas, elles n'en étaient pas moins affamées à leur réveil, preuve irrécusable que c'était la misère qui conduisait le plus souvent aux pratiques de la sorcellerie. Les pauvres gens cherchaient à apaiser dans des festins nocturnes et imaginaires la faim qu'ils ne pouvaient satisfaire qu'imparfaitement le jour. Cependant, les choses ne se passaient pas toujours d'une manière aussi inoffensive : chez les personnes dont la nature se prêtait aux phénomènes du dédoublement, l'être fluide quittait le corps dès que celui-ci était endormi, et alors la magie se montrait sous sa véritable physionomie. La sorcière entrait dans la maison de celui sur lequel elle avait une vengeance à exercer, et le vexait de mille manières. Si celui qu'elle tourmentait était résolu et avait une arme à sa disposition, il parvenait quelquefois à frapper le fantôme, et, à son réveil, la sorcière trouvait sur son corps la blessure qu'elle avait reçue dans sa lutte fluidique. J'ai raconté plus haut divers exemples de ce genre. C'était ces sortes de maléfices que les chefs d'Etat avaient en vue quand ils édictaient les peines les plus sévères contre les magiciens. Il avait été maintes fois constaté, dans les enquêtes judiciaires, tant par les aveux des accusés que par les témoignages des victimes, que les sorciers pouvaient donner la mort à ceux qu'ils poursuivaient, sans distinction de rang, de sorte que les rois, se sentant eux aussi menacés, appelaient à leur aide les bûchers et les bourreaux pour échapper au fléau commun.

J'ai dit que certains magiciens pouvaient se dédoubler sans recourir à l'emploi de l'onguent. Entre divers exemples, je citerai le suivant, rapporté par Görrës :

« Maïole, dans son livre des *Jours caniculaires*, raconte qu'un paysan, non loin de Riga, soupant chez le commissaire de son maître, fut renversé de son siège après le repas, et resta ainsi étendu par terre privé de tout sentiment. Le commissaire pensa que ce devait être un loup-garou. Il ordonna donc aux gens de sa maison d'aller se coucher et de laisser là le paysan, qui ne revint à lui que le lendemain matin ; après quoi il s'en alla. Le commissaire ayant appris le lendemain qu'un cheval avait été tué la nuit, dans la prairie, soupçonna le paysan, le fit mettre sous bonne garde et le questionna à ce sujet. Le paysan avoua que le soir il avait vu voler un cousin, qu'il l'avait pris pour un être malfaisant, qu'il s'était mis à le poursuivre, que le cousin s'était caché derrière un cheval, dans le pré, qu'il avait voulu le tuer avec sa faucille, mais qu'il s'était soustrait au coup dont il voulait le frapper, et qu'à la place il avait tué le cheval. »

L'emploi de l'onguent n'était pas le seul procédé mis en usage dans les pratiques de la sorcellerie. Certains breuvages produisaient également le sommeil léthargique. Le principe ne variait pas dans les deux préparations. C'était toujours les sucs des plantes narcotiques qu'on dissolvait dans un liquide, au lieu de les mélanger avec un corps gras. Chez les Indiens de l'Amérique du Nord, les peuplades de la Sibérie, les Finnois et les Lapons, les devins avaient recours à d'autres coutumes, parfois fort bizarres, mais toutes se rattachant à un but unique, l'assoupissement complet de la vie extérieure. Ils employaient, à cet effet, tantôt la danse circulaire ou le chant monotone, tantôt la fumée de tabac accompagnée de hurlements et du son du tambour de basque. Parfois ils mêlaient le tout ensemble et y ajoutaient l'action des liqueurs fortes. Chez les Lapons, le sorcier s'armait d'un marteau et frappait sur l'enclume une grenouille ou un serpent de bronze, qu'il retournait dans tous les sens, en marmottant des formules de conjuration, jusqu'à ce qu'il tombât à terre sans mouvement. On venait consulter ces devins pour connaître le sort d'une expédition qui tardait à revenir ou pour avoir des nouvelles d'un parent ou de toute autre personne dont on était séparé par une distance quelquefois très considérable. Les préparatifs qui amenaient l'accès léthargique devenaient d'ordinaire assez longs, et ce n'était qu'après plusieurs heures d'attente que le patient, revenu à lui, donnait sa réponse. Celle-ci était toujours juste, et se vérifiait avec une précision surprenante lorsque arrivaient les personnes absentes. L'esprit, pour me servir de l'expression usitée, quittait le corps du magicien dès que celui-ci gisait anéanti, et allait à la découverte de ceux qu'on lui indiquait. Son exploration terminée, il rentrait dans le corps qu'il avait abandonné quelques instants, et le rappelait à la vie. Ces résultats s'expliquent par ce que j'ai dit plus haut. Les pratiques fatigantes auxquelles se soumettaient les sorciers amenaient chez quelques-uns le dédoublement, chez tous le dégagement d'une abondante quantité de fluide mesmérien, et on sait que ce fluide peut s'étendre à de grandes distances et, par un effet réflexe, télégraphier au cerveau ce qui se passe au loin, de sorte qu'il est parfois difficile de dire si on a affaire au fantôme lui-même ou à la simple action de l'éther cérébral.

CHAPITRE X

L'éther mesmérien et la personnalité qu'il engendre (suite). — **L'Incube.** — **L'Esprit obsesseur.**

Nous arrivons aux phénomènes les plus extraordinaires que présente dans ses manifestations extérieures la personnalité fluidique de l'homme, ou plutôt de la femme, car c'est principalement chez cette dernière qu'on observe ces prodiges. Je veux parler de l'incube. Ce mot, qu'on ne rencontre guère que dans les traités de théologie, m'était complètement inconnu quand je le vis pour la première fois, mais sa physionomie toute latine m'en fit aisément deviner le sens. Je répétai alors ce que j'avais déjà fait en d'autre circonstances, notamment au sujet du vampirisme d'outre-tombe, sur lequel je reviendrai bientôt. Je tournai la page et passai à un autre chapitre. L'histoire du vampire posthume m'avait semblé un peu risquée; celle-ci dépassait toute mesure et m'apparaissait comme la plus formidable des mystifications. Cependant, ce même mot se retrouvant dans la plupart des auteurs que je consultai, je me vis forcé, malgré moi, de faire connaissance avec lui, et je finis par lui reconnaître une certaine objectivité, difficile d'ailleurs à préciser et à circonscrire, car la vérification directe étant presque toujours impossible dans ces sortes de phénomènes, on est naturellement porté à les attribuer à l'hallucination. Je serai donc bref dans mes citations, et je m'empresse d'ajouter que j'en laisse entièrement la responsabilité à ceux à qui je les emprunte, bien que ces derniers paraissent les avoir puisées aux meilleures sources. L'histoire suivante me servira de transition, car elle se rattache indirectement à notre sujet :

« Dans un bourg du comté de Sommerset (Angleterre) vivait il y a cinquante ans, une vieille femme qui passait généralement pour sorcière. Elle était maigre et sèche, courbée par l'âge et ne marchant qu'à l'aide de béquilles. Sa voix était creuse, solennelle, mystérieuse, mais hypocrite en même temps. Ses yeux lançaient une lumière pénétrante et qui inspirait l'effroi. Un jeune homme de vingt-deux ans, sain et robuste, qui habitait le même village, se trouva tout à coup tourmenté par un esprit impur, de telle sorte que sa santé en fut attaquée, et qu'au bout de trois ou quatre mois il était pâle, maigre, épuisé, et présentait tous les signes d'une mort prochaine. Il savait très bien, ainsi que ses parents, quelle était la cause de ce mal, et, comme il était d'un caractère très décidé, il résolut d'attendre la sorcière en veillant. Elle fut longtemps à venir; mais enfin, vers minuit, il entendit le bruit de pas légers sur l'escalier. C'était elle, en effet. Elle vint aux pieds de son lit, monta dessus et glissa lentement sur ses pieds. Il la laissa faire jusqu'à ce qu'étant arrivée à ses genoux, elle se préparait à tomber sur lui de tout son poids. Il la prit avec les deux mains par les cheveux, et la tint avec un effort convulsif, en criant à sa mère, qui dormait dans une chambre voisine, d'apporter une lumière. Pendant qu'elle courait la chercher, le jeune homme et la sorcière luttèrent avec fureur sur le plancher. Mais, dès la première lueur qui vint de l'escalier, la femme s'arracha avec une force surnaturelle des mains du jeune homme, et disparut comme un éclair. Sa mère le trouva debout tout essoufflé, et les deux mains pleines de cheveux. « Je lui demandais, dit Barnet, l'auteur de la relation, où il avait mis ses cheveux. — J'ai eu la maladresse, me répondit-il, de ne pas les garder : ils auraient servi à prouver l'identité de la personne. Mais, dans le trouble où j'étais, je les ai laissés tomber par terre, et celle à qui ils appartenaient a bien eu soin de les enlever, mais je l'ai si bien traitée qu'elle n'est plus revenue me tourmenter. Il est singulier, ajouta-t-il, que pendant que je la tenais et luttais avec elle, quoique je fusse certain que c'était elle, son souffle et tout son être annonçait une jeune fille. » — « Celui à qui ce fait est arrivé vit encore, ajoute Barnet, à qui Gorrës emprunte le récit. Il m'a raconté plusieurs fois cette histoire, et je puis en garantir la vérité sans pouvoir en assigner la cause. »

Bien que ce récit offre tous les caractères de la certitude, il semblerait impossible, si nous n'avions vu dans le vampire posthume des faits non moins extraordinaires. C'est un simple phénomène de dédoublement. Dès qu'il est constaté par maintes observations que le fantôme vivant peut quitter le corps qu'il habite, pour aller boire et manger dans un lieu où ce dernier ne peut se rendre, il ne répugne plus d'admettre qu'il puisse en être de même quand un individu, prédisposé au dédoublement, est sollicité par un besoin non moins impérieux que la faim.

Ceci nous conduit aux faits incubiques. Les spirites rapportant tout ce qu'ils voient à des manifestations de l'être posthume, font de l'incube un satyre d'outre-tombe. Il n'est pas difficile de démontrer le ridicule d'une telle opinion. Tout acte incubique, ramené à sa cause première, suppose un excès de vitalité dans le fonctionnement normal de l'organe qui en est le siège. La structure fluidique du posthume ne rappelle en rien un tel mécanisme. L'ombre est donc, à tous égards, l'antithèse du satyre, et c'est, croyons-nous, dans les agissements du fantôme vivant qu'il faut chercher le mot de l'égnime. L'analyse de quelques exemples montrera sur quel fait repose notre manière de voir.

Gorrës, pour ne parler que de cet auteur, cite de nombreux faits d'incubes empruntés aux écrits des théologiens. Un religieux italien, au dix-septième siècle, Brognolis, avait obtenu un certain renom comme exorciste dans ce genre de maléfices, attribués naturellement à l'action démoniaque. Mais de tels exemples ne sauraient servir de base à un examen rationnel, car, se rapportant généralement à des religieuses renfermées dans un cloître, ils apparaissent presque toujours comme le résultat d'une imagination en délire, chez des femmes hystériques. Que dire, par exemple, des aveux de Madeleine de la Crux, abbesse d'un couvent de Cordoue dans la première moitié du seizième siècle. Elle confia à son confesseur que pendant trente ans elle avait eu commerce avec un incube. Ce dernier venait la trouver chaque nuit dans sa cellule, et se présentait sous les traits d'un Maure. On sait que le Maure était souvent cité dans les romans de l'époque comme le type parfait de la galanterie. Que dire également de cette religieuse du tiers-ordre de Saint-François avouant à Brognolis, venu pour l'exorciser, que depuis dix-huit ans le démon abusait de son corps sous la forme d'un beau jeune homme, et que la nuit il l'amenait souvent hors de chez elle pour la livrer à d'autres enchanteurs? De quels enchanteurs s'agit-il? C'est ce que Brognolis n'explique pas. Dans ses consciencieuses recherches sur l'incube, M. Des Mousseaux ne s'en est pas tenu, comme ses prédécesseurs, aux aveux des pénitentes des couvents. Il a rapproché de ces faits d'autres phénomènes de même ordre qui se trouvent consignés dans les annales du spiritisme. Ici il ne s'agit plus de mystérieuses confidences d'ordre subjectif faites derrières les grilles d'un cloître, mais de faits réels se produisant au grand jour et susceptibles de contrôle. Je vais entrer dans quelques détails à ce sujet.

Mentionnons d'abord une série de phénomènes assez fréquents dans les expériences spirites. On a vu maintes fois des dames qui assistaient à ces réunions se lever brusquement en jetant un cri et quitter la salle. Pressées de s'expliquer sur la cause de leur frayeur et de leur départ précipité, elles avouaient qu'elles avaient senti une main se glisser sous leurs jupes et saisir leurs genoux. Il était facile de s'apercevoir qu'elles ne disaient que la moitié de la vérité, car lorsqu'elles avaient senti le contact de la main indiscrète, ce n'était pas aux genoux, mais plus haut qu'elles avaient porté les leurs. Les faits suivants, empruntés par Des Mousseaux au major hollandais Révius, sont encore plus explicites, malgré les réticences qu'exigent de tels récits :

« Un soir nous eûmes des attouchements inusités...; les dames étaient touchées très indécemment. Une d'elles, d'ailleurs très respectable, manqua de tomber à la renverse par un attouchement très saisissant au-dessus des genoux, et sous ses vêtements. Très courageuse, et je n'en connais aucune, pour ma part, dont le courage eût été si viril, elle ne voulait point finir la séance comme nous en avions l'intention ; se remettant à sa place, elle demanda à l'esprit ce qu'il exigeait d'elle. « Vous embrasser. — Eh bien, embrassez-moi. — Non pas ici, mais au lit. » Pour prévenir d'autres scandales, nous avons levé la séance.

« Dans une autre de ces réunions, où n'assistaient que des hommes, arrivèrent des esprits femmes, et ce fut une suite de scandales. A notre demande, comment nous pourrions leur être agréables : « En vous mettant en costume de paradis. » Nous étions six amis ; sur notre refus, elles commencèrent à nous faire des caresses non équivoques, nous touchant d'abord les mains avec leurs mains, qui avaient toutes les qualités de mains en chair et en os, leur température étant chaude comme les nôtres. A ma demande si celle qui s'était accrochée à moi m'avait connu pendant sa vie, elle me répondit par l'alphabet : « Oui »; et à cela ajouta d'autres paroles curieuses. Pendant cette conversation deux autres esprits féminins prenaient plaisir à faire à deux des assistants des caresses telles que je m'abstiens de les indiquer ici...

« L'un d'eux se sentit étreint dans des bras invisibles et accablé de telles caresses, que, pour y couper court...

« Or, ce qu'il était opportun d'observer, chemin faisant, non point à titre de condition nécessaire, mais comme servant à démontrer la connexion de ces phénomènes avec les *signes sacramentaux* du spiritisme, et l'importance primitive de ces signes, c'est que lorsqu'on cessait d'avoir les mains sur les tables, la scène finissait. »

Ce dernier aveu du major Révius est significatif : les fantômes disparaissaient dès que les assistants cessaient d'avoir les mains sur les tables. M. Des Mousseaux voit dans cette circonstance une connexion intime entre le magnétisme et les étranges apparitions qui en étaient la conséquence ; mais il déclare que ce n'est pas là une condition nécessaire ; nous croyons, quant à nous, tant les faits sont évidents, que le magnétisme est à la fois la cause première et la condition essentielle de tous ces prodiges, et devant des détails si bien circonstanciés, on est forcé d'admettre que les satyres et les lamies qui surgissent dans les cénacles spirites proviennent du dédoublement des assistants eux-mêmes. C'est leur personnalité fluidique qui change de sexe par une de ces tendances lycanthropiques familières au fantôme humain. Les faits suivants viennent confirmer cette explication des phénomènes incubiques. Le premier est emprunté à Des Mousseaux :

« Une jeune fille de vingt-deux ans s'était livrée avec passion, avec fureur, à la consultation des tables spirites ou pythonisées. Un jour arriva bientôt où elle sentit naître en elle une force musculaire inexplicable, prodigieuse, turbulente, et qui, ne demandant qu'à s'exercer, lui permettait de briser sans effort des objets dont le bris exigeait une vigueur herculéenne. Or, un soir, quelque temps après cette exaltation singulière de ses forces, elle vit apparaître près de son lit, au moment où ses draps se refermaient sur elle, un homme de bonne mine et bien vêtu, mais ayant sur le visage la pâleur de la mort. Cet homme s'approcha d'elle avec audace ; elle lutta, mais faiblement, et comme si quelque charme s'attachait à cet assaillant, malgré l'effroi que lui avait causé son aspect, l'audacieux triompha, et trois longues années se succédèrent, à partir de cette date, pendant lesquelles il revint chaque soir prendre possession de sa proie, lui consacrant la nuit tout entière. Voilà ce que la jeune fille, bien éveillée la plupart du temps lorsqu'elle recevait ces visites, affirme sur le témoignage constant des yeux, du toucher, de l'ouïe. Voilà ce qu'elle ne cesse d'affirmer avec la même conviction, aussi raisonnée que froide depuis que Dieu lui fit la grâce de la tirer de cette servitude affreuse, dont aucune idée préconçue, aucune notion antérieure et capable de lui troubler le cerveau, ne lui avaient inspiré la crainte ou fait naître la pensée.

« Les détails de ce drame incubique me sont transmis par le directeur de cette jeune fille, de laquelle je ne connais ni le nom ni la personne, mais qui voulut régler elle-même la mesure de la confiance que je reçois. Le directeur de cette femme est un prêtre sexagénaire du plus haut mérite, au point de vue de la science et de la moralité. »

La connexion intime qui lie le mesmérisme à la genèse du fantôme incubique est suffisamment démontrée par ce récit ; mais l'histoire suivante est encore plus explicite :

M. Des Mousseaux nous apprend qu'il a connu un magnétiseur très expert dans son art, qui se vit forcé, un jour, de renoncer à magnétiser toute honnête femme. Dès qu'une personne du sexe était soumise à ses passes, elle ne tardait pas à bondir en arrière, et à repousser avec un geste d'effroi et de dégoût les insolentes caresses d'un satyre qu'elle voyait lui apparaître distinctement, avec des habits de couleur rouge.

L'apparition de l'homme rouge n'est pas rare dans les annales du mesmérisme. Il se montra plusieurs fois à Swedenborg, non comme satyre, les mœurs austères du philosophe ne pouvant amener des manifestations mesmériennes de ce genre, mais comme conseiller. Quand il se présente devant une femme, c'est d'ordinaire à titre d'incube ou tout au moins comme courtisan. Tel est celui qui fait l'objet du récit suivant, dont je puis garantir l'authenticité :

Vers le printemps de 1881, la propriétaire de la maison que j'habitais à Saint-Girons se trouvait sur le seuil de la porte, causant avec une de ses voisines. C'était, je crois, un jour de marché. Une femme des environs vint à passer. Quoique ayant déjà atteint la quarantaine, elle se faisait remarquer par sa prestance et son air dégagé, ainsi que par les proportions de sa taille. « Cette femme que vous voyez, dit la voisine, est de chez moi. Quand elle était jeune, les amoureux pleuvaient chez elle, tant ils la trouvaient belle. Elle avait une passion extraordinaire pour la danse. C'était de la frénésie. Mais elle en est bien guérie, depuis la singulière aventure qui lui arriva, et que voici : « Un jour qu'elle dansait seule dans sa chambre, elle vit tout à coup lui apparaître un homme rouge qui dansait avec elle. Elle tomba évanouie, et depuis lors on ne l'a plus revue au bal. »

Chez certaines femmes, la genèse du fantôme incube est une suite de l'extase. L'homme rouge revêt alors la forme d'un ange resplendissant de beauté. Ce phénomène a lieu dans un accès de mysticisme, d'ordinaire après la communion, lorsque celle qui en est l'objet vient de s'unir à son « divin Époux ». C'est sous ce titre que se présente le séducteur. Il est si pressant, il parle un langage si doucement persuasif, qu'il finit presque toujours par avoir raison des résistances de l'extatique. Ne va-t-il pas jusqu'à dire qu'elle tient dans ses mains les destinées du monde, qu'en acquiesçant à ses désirs, elle doit assurer le salut du genre humain ! Revenue à elle, elle va conter l'étrange aventure à son confesseur, qui naturellement lui démontre l'énorme méprise dans laquelle elle est tombée, en prenant pour un messager du ciel un émissaire de Satan, et l'avertit de se tenir désormais en garde contre de si grossiers mensonges.

Les phénomènes incubiques se montrent de préférence chez les jeunes filles au moment où elles deviennent nubiles. Nous avons vu, en parlant des femmes électriques, qu'à cette époque de la vie on observe parfois dans les jeunes personnes des effets étranges. Le travail physiologique qui s'accomplit en elles a pour conséquence une certaine accumulation de fluide. La jeune fille rappelle alors les condensateurs chargés d'électricité. La personnalité mesmérienne prend forme et se dégage à l'état de satyre. Ce travail de dédoublement et la dépense de force qu'entraîne l'acte incubique fatigue nécessairement l'adolescente, et si un tel commerce devient quotidien et se continue assez longtemps, elle dépérit et meurt d'épuisement. Ce fait démontre une fois de plus l'origine du satyre incube. Dans certaines contrées de l'Asie orientale, raconte Des Mousseaux, d'après les aveux de divers missionnaires, l'incube prend les proportions d'une maladie endémique. A Shang-haï, dit l'un d'eux, rien de plus fréquent que les actes et les épidémies incubiques. On pourrait citer des rues tout entières où les femmes, sollicitées à l'époque de leur mariage par de mauvais esprits, se sont livrées à ces immondes, ressentant de leurs mystérieux rapports une délectation assez vive pour se dégoûter de leurs maris, et ne plus éprouver que répugnance pour le lit conjugal. Au bout de quatre ou cinq ans de ce genre de vie, elles tombent dans un marasme qui résulte de cette affreuse débauche, et succombent. « Nous avons rencontré, dit un autre, dans certaines contrées de la Chine que nous avons parcourues, une maladie presque endémique, que nous appelons la *Maladie du Diable*. Le démon, s'y faisant succube ou incube, séduit un homme ou une femme, et dès que ces pauvres gens ont succombé, tout est dit; incapable qu'ils sont désormais de toute résistance, il leur faut supporter cette vexation de Satan, jusqu'à ce qu'ils périssent de marasme. Il ne leur reste plus alors d'autres moyens de s'y soustraire que de se faire baptiser. » Aussi, les missionnaires, disent-ils à cette occasion, que le diable est leur plus grand convertisseur.

Ce résultat, qui au premier abord paraîtra surprenant à ceux qui veulent rester sur le terrain du rationalisme, s'explique par des considérations physiologiques. Tout néophyte recevant le baptême éprouve une transformation qui atteint toutes les puissances de son être. On lui apprend à se conduire d'après les sévères préceptes de la religion qu'il va embrasser, et personne n'ignore que les fondateurs du christianisme, réagissant contre la dissolution des mœurs païennes, puisèrent la morale de la foi nouvelle aux sources les plus pures et les plus hautes de la philosophie spiritualiste. L'austérité des pratiques chrétiennes, succédant aux débordements de la vie sensuelle qui est le propre des races asiatiques, modifie nécessairement chez le catéchumène la nature de son fluide mesmérien, qui perd ainsi ses pernicieux effets. Mais les missionnaires, et avec eux la foule des croyants, peu préoccupés du rôle que joue le mesmérisme dans l'engrenage de la machine humaine, s'en tiennent toujours à l'explication enfantine de Zoroastre : l'action du mauvais principe, le démon. Ils ne s'aperçoivent pas qu'ils n'ont fait que changer le nom d'Ahriman, et qu'ils se payent de mots. Il n'entre pas dans ma pensée d'entamer une discussion à ce propos, car de tels débats ne sont plus de notre époque, et je ne pourrais d'ailleurs que balbutier en faisant usage d'une langue qui m'ait complètement étrangère. Néanmoins, et j'en demande d'avance pardon à mes lecteurs, qu'il me soit permis de rappeler aux démonologues certaines contradictions sur lesquelles ils passent trop légèrement :

1° Tout acte incubique suppose non seulement un organe spécial, mais encore pléthore de cet organe. Celui que vous appelez « l'ange déchu » étant, par sa définition, de nature immatérielle, ne saurait ressentir des velléités sexuelles.

2° Le même personnage étant depuis sa chute enfermé au plus profond du Tartare, il ne peut, ce semble, se promener tranquillement sur la planète et courir le guilledou.

3° S'il sort de prison à l'appel du fluide mesmérien, comme le veulent les spirites, cela donne une piètre idée du pénitencier et de la solidité de ses verrous.

4° Si c'est par permission spéciale et suivant l'expression consacrée, « pour tenter les pauvres humains », vous oubliez avoir posé en principe que, dans notre monde sublunaire, tout émane « d'un Dieu souverainement bon et souverainement juste », qui, par conséquent, ne saurait accorder de telles autorisations.

5° Enfin, en admettant que ces objections viennent à êtres levées, il restera toujours à expliquer comment un être de nature immatérielle fuit comme le fantôme d'un simple mortel devant une épée ou une arme à feu, ainsi que l'attestent tous ceux qui ont eu recours à ce moyen pour se débarrasser des obsessions incubiques.

Passons à une autre manifestation des plus étranges, de l'éther mesmérien, ou plutôt de la personnalité qu'il fait surgir.

Dès l'antiquité la plus haute, on a observé une maladie singulière. Les caractères qu'elle présentait étaient si extraodinaires qu'on l'attribuait à un démon ou à l'âme d'un défunt qui possédait le corps du patient. Les médecins se trouvant désarmés devant de tels symptômes, on recourait aux temples, et on implorait le secours du prêtre. Pendant qu'Apollonius de Tyane était à Athènes, il délivra d'un démon un jeune Corcyréen, qui venait assister à ses leçons. Lors de son séjour chez les sages de l'Inde, une femme vint demander à ces derniers de débarrasser son fils, jeune adolescent, de l'âme d'un homme tué à la guerre, qui le possédait depuis deux années. Le jeune homme s'étant refusé à suivre sa mère, Iarchas, doyen des brahmanes, donna à celle-ci une lettre qui devait suffire pour conjurer l'esprit obsesseur et le faire sortir. Longtemps avant cette époque, un Rhamsès, de la vingtième dynastie, reçut un messager d'un prince asiatique, le roi de Bakthren, qui le priait de lui envoyer un exorciste choisi parmi les prêtres du grand temple de Thèbes, pour délivrer sa fille d'un mauvais esprit. Le sage envoyé par le Pharaon ne s'étant pas senti assez fort pour chasser le démon, on dut en expédier un second plus instruit ou plus hardi qui guérit la jeune fille. Le moyen employé par ces exorcistes des anciens temps était le même que celui dont on se sert aujourd'hui. Le thaumaturge sommait, à plusieurs reprises, l'esprit obsesseur de partir, et celui-ci cédait après avoir fait quelques difficultés.

Les possessions et les exorcismes, rares de nos jours, étaient très fréquents dans les premiers temps du christianisme et pendant le moyen âge. Sommé de faire connaître son nom, l'esprit se disait le plus souvent un démon, plus rarement une âme damnée. Chez quelques-uns il s'obstinait à cacher sa personnalité; d'autres fois, ainsi que cela a lieu journellement chez les médiums, et comme on l'a vu récemment à Morzine, l'esprit balbutiait, se donnant tantôt comme un démon, tantôt comme damné; parfois il répondait par des facéties. Un jour il déclara, au sujet d'une jeune fille qu'on exorcisait près de Lucques, qu'il se nommait gardien des grenouilles. (Gorrës, t. IV, p. 442.) Devant des réponses si incohérentes, il semble qu'on eût dû concevoir des soupçons sur la véritable nature du prétendu obsesseur. Mais on rejetait ses contradictions sur la malice diabolique, et on n'y voyait qu'une des espiègleries familières au « père du mensonge ».

D'autres contradictions non moins singulières se présentaient, quand on étudiait l'origine de la maladie, ses symptômes, ses modes de guérison. Parmi les causes morales qui amenaient la possession, une des plus fréquentes était le remords d'une faute qu'on n'osait avouer. L'œuvre démoniaque paraissait dès lors manifeste, et on appliquait le remède naturellement indiqué, la confession. L'exemple d'une jeune fille des environs de Vallombreuse, qui devint possédée, parce qu'elle avait vu ses parents commettre un vol, et qui fut délivrée quand ceux-ci eurent restitué, aurait dû cependant donner à réfléchir, car, en bonne justice, c'étaient sur les auteurs du crime que devaient retomber le châtiment. C'était bien pire, lorsqu'on passait en revue les autres causes d'obsessions. Gorrës, qui a consacré à l'étude de ces questions plusieurs chapitres de sa *Mystique*, fait, à cet égard, les aveux les plus naïfs. Il raconte sérieusement que en 1609, dans le diocèse de Tolède, une femme, nommée Marie Garcia, fut possédée pendant sept ans, pour avoir mangé une orange que lui avait donnée une voisine. Près de Sens, un enfant le devint parce que, dévoré par la soif, il avait bu outre mesure dans un seau d'eau. En 1605, l'esprit obsesseur entra dans le corps d'une jeune fille orpheline, à la suite des mauvais traitements qu'elle avait subis chez le meunier, où ses tuteurs l'avait placée. En Lorraine ce fut un breuvage qui amena la possession chez Marie de Ranfain. Son médecin, épris d'elle, lui avait donné un philtre pour s'en faire aimer. D'autres infortunés tombèrent dans cet état à la suite de certaines maladies. La lune elle-même avait une influence sur l'action démoniaque : chez certains possédés, cette action augmentait ou diminuait suivant le cours de l'astre. Même singularité, quant aux modes de guérison, avec ou sans exorcisme. Comme Jeanne Morette, de Venise, était exorcisée par saint Cajetan, le démon parlant par sa bouche dit qu'il sortait, parce qu'il ne pouvait plus supporter l'odeur d'orange qu'exhalait le saint. Dans la vieille Castille, un religieux guérit un possédé en lui soufflant dans la bouche. Saint Vincent de Paul exorcisant en vain une femme la saisit tout à coup aux cheveux, comme s'il était pris de colère, tout en continuant ses conjurations, et aussitôt la malade fut délivrée. Dans certains cas, le patient était guéri par des évacuations. Un jeune religieux, du couvant de Sainte-Etheldrède, étant devenu tout à coup possédé, passa la nuit, par ordre du prieur, auprès du tombeau de la sainte, tandis que les moines restaient en prières. Le matin il se sentit pris de violentes coliques, et fut délivré à la suite d'une selle très abondante qui répandait une forte odeur de soufre, ou plutôt de gaz sulfurés. Trois possédés, exorcisés par saint Nicet, guérirent en crachant abondamment. Une femme, amenée au tombeau de saint Ulrich, se vit délivrée à la suite d'une forte hémorragie nasale. D'autres le furent après avoir vomi soit du sang, soit des matières noirâtres. Si on ajoute à cela les accès de fureur qui se manifestaient chez la plupart des possédés, dans les moments de crise, les contorsions affreuses auxquelles ils se livraient, et l'écume qui sortait de leur bouche, on ne sera pas surpris que la science médicale n'est vu dans ces prétendues obsessions qu'une des formes de la catalepsie.

Mais si les physiologistes avaient fait justice de l'intervention diabolique, les malades n'étaient pas plus avancés, car les médecins se trouvaient, eux aussi, dominés par une équation personnelle qui ne valait guère mieux que celle des théologiens. Aussi l'avantage est-il resté jusqu'ici à ces derniers, qui ont du moins pour eux les apparences, et qui, il serait puéril de le nier, ont obtenu, dans un grand nombre de cas, des guérisons complètes par l'emploi des exorcismes. Les caractères que présentent certains possédés aux heures de crise s'éloignent tellement de ceux qu'on observe dans les autres maladies, qu'ils semblent résulter d'une action surnaturelle. Je ne parle pas des choses étranges qu'ils rendent quelquefois par la bouche, telles que charbons, cheveux, reptiles vivants. Il n'est pas besoin de supposer que ces objets ont été avalés pour expliquer leur présence dans l'intérieur du corps humain. Tous les physiologistes savent qu'ils peuvent, dans certains cas, prendre naissance en divers points de l'organisme sous l'action fiévreuse et anormale des forces vitales. Les plus communs sont les charbons et les reptiles. Les premiers paraissent être des matières excrémentielles, auxquelles le vulgaire donne le nom de charbon, à cause de leur consistance et de leur couleur noirâtre. Quant aux reptiles, ce sont des vers intestinaux, si variés, comme on sait, de forme et de grandeur. En 1870, comme je dirigeai la *Revue d'Aquitaine*, je pus me convaincre par moi-même de ce fait. Un de mes correspondants m'apprit que le zouave Jacob, dont on parlait beaucoup à cette époque, venait d'opérer une cure merveilleuse sur une jeune dame des environs de Marmande. Cette dame, abandonnée des médecins, éprouvait des convulsions qui rappelaient celles des possédés. Après quelques passes magnétiques et au milieu d'horribles souffrances, elle rendit un reptile de quinze centimètres environ de longueur. Cette scène ayant eu lieu chez M. Dambres, de Marmande, je priai ce dernier de me faire parvenir le *fac-simile* de l'animal, qu'il conservait dans l'alcool. M. Dambres m'envoya le dessin au crayon, et je reconnus à première vue que, ainsi que je le soupconnais, le prétendu reptile était un monstrueux helmenthe.

Les caractères qui distinguent les possédés proprement dits, sont d'un autre ordre. Quand ils entrent en crise, certains d'entre eux acquièrent une vigueur musculaire telles que les femmes les plus débiles s'échappent parfois des mains de plusieurs hommes robustes qui s'efforcent de les retenir. D'autres, devenant électriques, grimpent avec une agilité surprenante au sommet des arbres les plus élevés, s'élancent de branche en branche comme les écureuils, puis redescendent la tête en bas sans se faire aucun mal, à la stupéfaction des personnes témoins de ces prodiges. Quelques-uns se montrent lucides. Ils lisent le contenu d'une lettre cachetée, nomment les divers objets renfermés dans une boîte, devinent les pensées secrètes des personnes qui les entourent et font à ce sujet les révélations les plus piquantes. Plusieurs sont polyglottes ; mais tous, ou presque tous, comprennent ce que dit l'exorciste, répondent à ses questions, quelle que soit la langue dont se sert ce dernier, et s'il lui arrive de se tromper, ne craignent pas de l'apostropher en ces termes : « Ane que tu es, ce n'est pas ainsi qu'il faut dire. » Cette transformation soudaine d'un illettré en linguiste est aux yeux des théologiens la preuve indéniable de l'obsession diabolique. Ce n'est plus le possédé qui parle, c'est l'esprit obsesseur qui s'exprime par sa bouche. Une telle manière de voir est d'autant plus naturelle, que le timbre de la voix se trouve souvent complètement changé, que le nouvel interlocuteur parle en son propre nom et nullement au nom du patient, qui n'est pour lui qu'un étranger; qu'interrogé sur son origine, il se dit volontiers un émissaire de Satan, ou tout au moins l'âme d'un damné, qu'il indique le jour où il sortira, ainsi que le nom de l'exorciste qui le forcera à déguerpir. Ajoutons à cela un autre trait non moins caractéristique de l'obsession, la fureur dans laquelle entrent les possédés toutes les fois qu'on leur parle de choses saintes, l'aversion qu'ils éprouvent pour les prêtres, les églises et les cérémonies, l'horreur que leur inspirent les reliques, dont ils redoutent le contact à l'égal de celui du feu. Devant ces faits que j'abrège et qui accusent de la façon la moins équivoque l'action d'une personnalité mystérieuse d'ordre surnaturel, comment ne pas donner raison aux théologiens?

C'est, en effet, ce qu'étaient forcés de faire les sceptiques eux-mêmes avant la découverte du mesmérisme. Mais pour les esprits sérieux, il ne saurait plus aujourd'hui être question d'obsession, du moins d'obsessions démoniaques, car le magnétisme, quelquefois même la simple catalepsie, reproduisent les étranges phénomènes que présentent les possédés. Dans les annales des magnétiseurs et surtout des spirites, il n'est pas rare de trouver des faits relatifs à des personnes devenues électriques sous l'influence du fluide mesmérien. Quelques-uns s'élancent du sol, comme certains extatiques, poussés par une force ascensionnelle, et il faut quelquefois les efforts de plusieurs hommes pour les retenir. D'autres acquièrent une vigueur herculéenne. J'ai cité, au sujet des phénomènes incubiques, l'exemple d'une jeune fille chez qui la passion des tables tournantes avait développé une puissance musculaire qui tenait du prodige. La lucidité est chose ordinaire dans le somnambulisme. On a observé chez des cataleptiques une clairvoyance non moins remarquables. Le don des langues est assez fréquent parmi les médiums, et on sait que nombre d'entre eux écrivent leurs réponses dans des idiomes qui leur sont complètement inconnus. On sait aussi que les malades doués de la lucidité magnétique prédisent le retour de leurs crises, et comme les possédés indiquent d'avance le jour et l'heure de celle qui sera la dernière. Cette crise suprême offre d'autres analogies non moins surprenantes. Dans l'exorcisme, il est une particularité digne de remarque, que les théologiens considèrent comme la pierre de touche de la possession. Au moment où l'esprit obsesseur déclare qu'il va sortir du corps du patient, l'exorciste, voulant s'assurer qu'il n'est pas dupe d'un mensonge, lui ordonne de donner un signe visible de son départ. D'ordinaire, c'est un des objets environnants qui doit être renversé ou changé de place. Dans un exemple cité par Gorrës, l'esprit ayant déclaré qu'ils étaient trente démons dans le corps d'une jeune fille, le religieux chargé de l'exorcisme, après avoir fait allumer trente cierges, ordonna que les départs seraient successifs et que chaque démon marquerait sa sortie en éteignant une lumière. Le programme fut ponctuellement exécuté.

Ces prodiges, qui au premier abord semblent d'ordre surnaturel, rentrent néanmoins dans le cadre des phénomènes mesmériens. Le premier fut reproduit par Apollonius de Tyane, lorsqu'il délivra le jeune Corcyréen, dont j'ai fait mention plus haut. Le thaumaturge ayant ordonné à l'esprit obsesseur de donner un signe de son départ, celui-ci répondit qu'il renverserait une des statues du portique qui se trouvait auprès. On vit aussitôt la statue désignée chanceler sur sa base, puis tomber. Le fakir indien dont parle Louis Jaccolliot, dans son *Voyage au pays des perles*, faisait encore mieux. Il répéta plusieurs de ces miracles devant l'auteur de la narration. D'un seul acte de sa volonté, il faisait mouvoir les meubles, ouvrait et fermait les portes, éteignait les flambeaux placés au fond de la salle. Ayant aperçu par une fenêtre un jardinier qui tirait de l'eau d'un puits, il arrêta, d'un geste, le mouvement de la poulie, au grand ébahissement du jardinier, et la corde ne reprit sa marche qu'après un second geste. Ici toute jonglerie était impossible. La scène se passait dans la résidence d'un colonel anglais ; le fakir, entièrement nu, sauf un carré de toile de vingt centimètres qui lui servait de feuille de vigne, se tenait immobile, tandis que les domestiques de la maison apportaient et allumaient eux-mêmes les bougies. Quant à l'aversion que montrent les possédés pour les choses saintes, il est facile de s'en rendre compte. C'est une conséquence nécessaire de la nature de leur fluide. Comme l'électricité ordinaire, l'électricité vitale a deux modes d'action inverses l'une de l'autre. La production de chacun d'eux résulte soit de l'organisation individuelle, soit de la cause qui le fait naître. Ce sont les deux pôles d'une pile. Le premier amène l'extase, le second l'obsession. Tandis que l'extatique se sent attiré par une force irrésistible vers les autels, l'obsédé éprouve une répugnance invincible pour leur approche. Parfois le fluide se manifeste chez le même individu, tantôt dans l'un, tantôt dans l'autre de ces états, et alors le patient se montre tour à tour extatique ou possédé. J'ai cité dans un des chapitres précédents l'exemple d'un jeune novice du couvent de Morcrola (Espagne) qui offrait ce singulier phénomène.

L'épidémie morale qui sévit, il y a quelques années, dans certains villages de la Savoie, a permis de vérifier la plupart des faits relatifs à l'obsession, et à montrer une fois de plus que les théologiens, tout en se méprenant sur les causes de ce mal étrange, obtiennent des cures, à l'inverse des médecins, qui n'arrivent à aucun résultat, bien qu'ils restent sur le terrain scientifique. Vers les premiers jours du printemps de 1857, plusieurs jeunes filles de Morzine, de dix à douze ans, présentèrent les caractères de la possession. Vigueur physique extraordinaire aux moments de crise, blasphèmes horribles contre les choses saintes, dialogues *sui generis* de l'esprit obsesseur avec les personnes présentes, double vue; don des langues chez quelques-unes, ascension merveilleuse des arbres les plus élevés, etc. La contagion gagne bientôt les grandes personnes et les garçons, mais elle s'attache de préférence aux jeunes filles. La crise terminée, ces pauvres enfants n'avaient aucune souvenance de ce qui venait de se passer, et ne pouvaient croire ce qu'on leur racontait au sujet des paroles grossières qu'elles avaient proférées contre la religion et leur propre curé, pour qui elles professaient un grand respect. Les médecins du pays se déclarèrent impuissants à traiter une telle maladie, et laissèrent la place aux exorcistes. Ceux-ci obtinrent quelques cures, mais la contagion était si grande, que nombre de jeunes filles qui avaient été délivrées retombèrent quelque temps après. On appela alors des célébrités médicales de Lyon, puis de Paris. Ces Messieurs, se voyant aussi impuissants à conjurer le mal que leurs confrères de la Savoie, accusèrent les prêtres d'entretenir ce désordre moral, et firent défendre l'usage des exorcismes. Ainsi livré à lui-même le fléau ne pouvait qu'empirer. Il gagna quelques localités voisines, continua ses ravages pendant plusieurs années, et ne disparut complètement que vers 1863. Les résultats peuvent se résumer ainsi : impuissance absolue des médecins, succès réels obtenus par quelques exorcistes, efforts infructueux de certains autres. Essayons d'expliquer ces contradictions.

Les médecins se trouvaient désarmés, parce qu'ils refusaient d'ouvrir les yeux devant la cause du mal. Ils reconnaissaient bien que c'était une des formes de la catalepsie. Mais niant le mesmérisme ou ne le connaissant que d'une façon très imparfaite, il ne pouvait voir dans l'obsession un afflux anormal de fluide nerveux chez ces pauvres enfants. La manière dont sévissait le fléau ne laissait cependant aucun doute à cet égard. Il procédait comme toute épidémie contagieuse qui gagne de proche en proche. Plusieurs villages, aux environs de Morzine, ne tardèrent pas à être atteints. Un remède se présentait naturellement : éloigner les malades du foyer d'infection. On le fit pour quelques jeunes filles ; leurs symptômes allèrent bientôt s'affaiblissant et disparurent à la longue. On peut dire qu'en dehors des exorcismes, ce fut le seul traitement qui aboutit à un résultat. C'était une preuve directe que l'atmosphère de Morzine se trouvait imprégnée d'un fluide étranger; puisqu'il suffisait de changer d'air pour échapper aux étreintes du mal. Une preuve encore plus décisive fut fournie par les animaux domestiques. Au plus fort de la contagion, les troupeaux des étables éprouvèrent eux aussi les atteintes du fléau. Dans certaines maisons, les bêtes ne mangeaient plus ou se contentaient de ronger le bois de la crèche; d'autres fois, c'étaient les vaches, les chèvres ou les brebis qui ne donnaient plus de lait, et le peu qu'on retirait était impropre à faire le beurre. Ces phénomènes s'observaient surtout chez les habitants où se trouvaient des malades. Parfois il s'opérait un déplacement du mal entre les personnes et les animaux. Une jeune fille était-elle délivrée, une bête de l'étable tombait malade. Celle-ci guérissait-elle, la jeune fille retombait dans son premier état. Devant de tels faits il n'était plus possible de parler d'obsession. Le fléau sévissant à la fois dans les maisons et les étables ne pouvait être attribué qu'à une cause physique, et les désordres qu'il occasionnait chez les personnes atteintes indiquaient nettement que ces phénomènes étaient dus à un excès ou à une dégénérescence du fluide mesmérien. Comme on s'était beaucoup occupé de tables tournantes quelques mois avant l'apparition de l'épidémie, on a vu là une cause prédisposante au développement anormal de l'éther cérébral, et ce fait suffirait peut-être à tout expliquer. Mais le docteur Kerner ayant observé dans les montagnes du Wurtemberg des afflux subits de ce fluide se manifestant à la fois chez les hommes et les animaux, et qu'on ne pouvait attribuer qu'à la végétation de ces altitudes, il est permis de se demander s'il n'en était pas de même dans les montagnes alpestres de la Savoie, et si cette seconde cause ne venait pas s'ajouter à la première.

L'obsession étant un afflux anormal de fluide magnétique sur le système nerveux du patient, le remède direct est naturellement la neutralisation de ce fluide par un courant d'éther cérébral, dirigé en sens contraire et émanant d'une volonté énergique; c'était la méthode des brahmanes de l'Inde, des prêtres de l'Egypte et d'Apollonius de Tyane ; c'est aussi celle des exorcistes. S'ils ne réussissent pas toujours, c'est qu'alors ils ne remplissent pas les conditions physiques et morales qu'exige une telle pratique, et qu'on peut résumer ainsi : grande puissance magnétique et volonté fortement impérative.

De tous les prodiges que présentent l'obsession, le plus surprenant est, sans conteste, l'apparition soudaine de cette personnalité mystérieuse qui dialogue avec l'exorciste, et que j'appellerai la personnalité épigastrique. Nous avons vu ce même facteur de la physiologie humaine se révéler dans le somnambulisme naturel, le somnambulisme magnétique, la catalepsie, l'extatique, le magicien, l'incube ; la genèse de ces étranges fantômes se lie de la manière la plus étroite à celle de l'éther mesmérien, et paraît atteindre son expression la plus haute dans les phénomènes incubiques.

CHAPITRE XI

Causes de la rareté du fantôme vivant. — Causes de la rareté du fantôme d'outre-tombe. — Similitude des phénomènes du spiritisme et des phénomènes d'ordre posthume. — Lycanthropie.

Nous avons passé en revue, dans les chapitres qui précèdent, les origines de l'éther mesmérien et ses principaux modes d'action. Reprenons maintenant le point d'interrogation posé plus haut : Pourquoi la rareté excessive du dédoublement ?

La réponse à cette question, que nous avons dû laisser en suspens jusqu'ici, est devenue possible, depuis que les éléments du problème ont été mis à jour par les analyses successives que nous venons de faire. Ces éléments sont au nombre de deux : l'être fluide, qui est virtuellement en chacun de nous, et l'éther mesmérien. Le premier est le calque gazéiforme du corps humain. Son existence a été constatée par les phénomènes du dédoublement, et par ce fait, que les personnes qui ont perdu un bras ou une jambe éprouvent parfois des douleurs dans le membre manquant, membre que la voyante de Prévorst apercevait distinctement chez tous les amputés. Il joue un rôle purement passif, et ne s'anime que sous l'action du fluide vital. Ce dernier, qui a pour réservoir l'appareil nerveux, surgit en quantité considérable à la suite d'une forte tension d'esprit, d'une commotion morale, de certaines maladies ou d'autres causes physiologiques. Sous son influence vivifiante, l'être intime s'éveille, et quoique restant toujours à l'état latent, se révèle par des manifestations non équivoques. On dirait alors dans l'homme une seconde personnalité entièrement différente de la personnalité ordinaire, et se mettant parfois en antagonisme avec celle-ci. Si les énergies qu'elle reçoit du fluide thaumaturge sont assez puissantes pour lui permettre de briser les liens de sa prison et lui assurer momentanément une existence indépendante, elle se détache du corps et se montre sous sa forme optique. C'est le dédoublement. Ce phénomène ne s'observe que chez quelques organisations exceptionnellement douées sous le rapport de la sensibilité ; ainsi s'explique son extrême rareté.

Il existe des personnes chez qui l'être fluide, tout en restant invisible, se manifeste naturellement et pour ainsi dire à volonté. Le rôle de l'éther mesmérien est ici latent, car aucune cause apparente n'appelle son action, qui tient uniquement à une prédisposition spéciale de l'organisme. Ces médiums d'un nouveau genre présentent un fait des plus curieux, inexplicable au premier abord. Leur personnalité fluidique, comme le démon familier de Socrate, est un esclave toujours prêt à exécuter les volontés du maître. Parfois, cependant, il devient mutin, raisonneur, menace de désobéir, Il est alors dangereux d'insister, car on s'expose à de graves représailles. On trouve dans Des Mousseaux une singulière histoire de ce genre. Je la copie en abrégeant :

M. de B..., fuyant la Révolution française, s'était retiré à Palerme, où il exerçait la médecine. On parlait beaucoup à cette époque d'une voyante nommée la sibylle de l'Etna, parce qu'elle habitait au pied de cette montagne. M. de B... ne prêta d'abord aucune attention. Mais les faits qu'on racontait sur cette femme extraordinaire, devenant de plus en plus le sujet des conversations, son scepticisme finit par être ébranlé, et il se dirigea un jour vers l'Etna, pour s'assurer par lui-même du savoir-faire de la prophétesse. Au lieu de rencontrer, comme il s'y attendait, une vieille sorcière ridée et courbée par l'âge, il trouva devant la chaumière qu'on lui avait indiquée une femme d'une trentaine d'années ayant tous les attraits de la jeunesse et de la beauté. Le dialogue suivant s'établit aussitôt entre eux :

— La sibylle de l'Etna ?

— C'est moi.

— Vous, si jeune ? Pourriez-vous me dire mon passé et mon avenir ?

— Certainement ; entrez, vous pourrez voir et juger.

— Voici du papier, reprit la jeune fille dès qu'ils furent dans l'habitation ; vous allez écrire vous-même vos questions. Mais non, vous pourriez croire que le papier est préparé; détachez une feuille de votre carnet, et posez-y vos demandes.

Tout en parlant, elle jetait des herbages secs dans la cheminée ; puis elle attisait le feu. Des tourbillons d'une fumée noire s'élevèrent, et le papier présenté lestement à la flamme, dont les éclairs traversaient cette spirale épaisse, fut presque aussitôt retiré. Une réponse s'y trouvait lisiblement écrite ; elle était juste. Etonné, mais non encore convaincu, le docteur répéta plusieurs fois l'expérience, en variant ses demandes, et obtint toujours le même succès. Une certaine intimité s'étant établie entre lui et la jeune fille, il devint l'hôte assidu de la chaumière, et put, à son aise, questionner la sibylle sur le secret de son art.

— Rien de plus simple, lui dit-elle, j'ai à mes ordres un esprit de l'Etna. Aussitôt que le feu s'allume et que la fumée s'élève, il sort de cette vapeur tourbillonnante et trace des caractères sur le papier, qui, partout où sa griffe ne l'a point touché, reste pur et blanc. Pourtant, il est des époques où l'esprit me soutient qu'il cesse d'être libre, et que si je l'appelle il ne peut venir. J'ai bien, il est vrai, de grands moyens pour l'y contraindre, et si je m'y aventure, il accourt, mais c'est avec des colères épouvantables, et ses menaces me grondent longtemps aux oreilles. Dans ces moments-là, j'ai peur, et me sens comme à la veille de quelque chose de terrible ; il ne faut pas le braver.

A quelque temps de là, le docteur put se convaincre que la pythonisse ne disait que trop vrai. Étant venu un jour la prier de lui donner des nouvelles de sa famille, dont il ne recevait plus de lettres, elle lui répondit : « Demain, mais pas aujourd'hui, car l'esprit ne peut venir en ce moment ; je n'oserais l'y contraindre. » Cependant, vaincue par les pressantes instances de son ami, la pauvre fille se résigne à passer outre. Elle allume son menu paquet d'herbes sèches, et le papier que sa main présente se met en contact avec les tourbillons de flamme et de fumée. Mais à peine en est-il touché, qu'elle tombe comme sous un coup de massue, perçant l'air d'un affreux cri de détresse ! Son démon l'avait horriblement brûlée, et, comme souvenir de sa colère, il laissait sur son bras l'empreinte d'une main de feu.

Le fait le plus curieux de ce récit n'est pas dans la transcription des réponses au bas des demandes.

Nous avons vu le même phénomène se produire, sauf la singularité de la variante, chez certains médiums et sur les tombeaux de quelques thaumaturges des premiers siècles de l'Eglise. C'est l'être fluide de la sibylle qui faisait office de scribe. Le côté nouveau de la question est dans les répugnances que montrait par intervalle le secrétaire invisible, et les raisons qu'il alléguait pour obtenir un ajournement. D'après ce que j'ai dit des manifestations de la personnalité mesmérienne, il est aisé de comprendre que ce mauvais vouloir était l'aveu inconscient d'une impuissance momentanée. L'être fluide n'atteint toute sa plénitude d'action que s'il est vivifié par une quantité suffisante d'éther nerveux. Or, cette quantité est nécessairement variable, puisqu'elle dépend des causes physiologiques qui agissent sur l'organisme, et dont quelques-unes sont temporaires ou accidentelles. On sait que les médiums les mieux doués éprouvent par moment des éclipses dans leur faculté de double vue. Lorsque le prétendu démon de l'Etna demandait à remettre au lendemain l'exécution d'un ordre, c'est que la personnalité fluidique de la pythonisse avait perdu une partie de ses forces vives, je veux dire de son éther mesmérien, et qu'elle avait besoin d'un délai de vingt-quatre heures pour les récupérer en entier. La sommait-on d'obéir, son impuissance se raidissait contre une telle injustice, et elle témoignait par la rigueur de ses représailles que cet ordre barbare la condamnait à d'affreuses tortures.

Revenons au fantôme posthume. Ses manifestations optiques sont aussi rares que celles du fantôme vivant. Cela tient évidemment aux mêmes causes. Il ne suffit pas que la mort dégage l'être fluide de ses liens, pour que ce dernier devienne une personnalité indépendante et active, jouissant d'une vie propre, il faut encore qu'à ce moment il soit convenablement saturé d'éther mesmérien. Or, ce fluide diminuant avec l'âge et la maladie, et perdant en même temps ses qualités essentielles, il est excessivement rare qu'il ait assez de force et d'énergie pour vivifier le fantôme à l'instant où celui-ci voit s'ouvrir les portes de sa prison. Citons, à ce propos, un fait digne de remarque, qui nous servira de preuve indirecte. On a observé que les manifestations d'outre-tombe les plus tumultueuses et les plus persistantes, par conséquent les mieux caractérisées, provenaient de morts violentes. J'ai mentionné un exemple de ce genre au premier chapitre. Il s'agissait d'un homme du canton d'Oust, qui s'était pendu. Dans ces moments de lutte, de souffrances et de désespoir, il se produit un travail physiologique qui amène un abondant dégagement de fluide vital. Dès lors, le fantôme peut s'approvisionner de forces vives, et s'assurer l'existence posthume.

Le spectre vivant et le spectre d'outre-tombe ayant même origine peuvent présenter dans leur manifestation des caractères communs. Tels sont les bruits qui se produisent dans certaines habitations, où l'on voit chaises, meubles, vaisselle, etc., se déplacer ou s'agiter sous l'impulsion d'une main invisible. Lorsque le tapage est nocturne, et que la famille a perdu un des siens, le phénomène doit être attribué aux agissements du posthume. Si les bruits ont lieu pendant le jour et qu'aucun décès ne soit survenu, il faut chercher la cause du prodige dans les effets du mesmérisme. En observant les choses de près, on reconnaît qu'il existe dans la maison une personne électrique dont l'être fluide provoque tous ces désordres ; d'ordinaire c'est une jeune fille. Quand il s'agit de visions qui se produisent dans le sommeil, il n'est pas aussi aisé de discerner la nature de l'agent et de savoir si l'on a affaire à un phénomène d'ordre objectif ou subjectif. Nous croyons toutefois pouvoir poser en principe qu'il convient de faire la plus large part au mesmérisme. En thèse générale, on doit se défier des prétendues ingérences posthumes, le rôle de l'ombre étant purement passif, sauf dans les cas de revendication personnelle qui ont lieu au début de sa nouvelle existence. Citons quelques exemples :

Le premier est emprunté au livre des *Songes* de Valère-Maxime ; les détails dans lesquels entre l'auteur donnent à son récit tous les caractères d'un fait historique.

Le poète Simonide, en abordant sur une côte, trouva un corps étendu sans sépulture, et lui rendit les derniers devoirs. Pendant la nuit, le mort l'avertit de ne pas s'embarquer le lendemain. Il resta à terre ; ceux qui étaient partis furent assaillis par une tempête, et périrent sous ses yeux. Le poète, reconnaissant, a conservé le souvenir de cette aventure dans une élégante pièce de vers, élevant au mort qui l'avait sauvé un tombeau plus durable que celui qu'il lui avait donné sur le rivage désert.

Faut-il voir dans l'avertissement donné à Simonide une intervention posthume ou seulement une vision du poète ? La mort était récente, ainsi que semble l'indiquer le récit, et l'ombre pouvait avoir conscience d'elle-même, et agir dans certaines limites comme force active. Mais il s'agit ici d'annoncer un événement qui doit s'accomplir. Or, la prescience de l'avenir n'est guère du domaine des ombres. Leurs perceptions se bornent à une vague notion du présent et à quelques réminiscences du passé. L'avis que reçut le poète durant son sommeil doit donc être rangé parmi les effets de clairvoyance magnétique qu'on observe chez le somnambule et le médium.

Citons un autre exemple emprunté au docteur Kerner :

Un jour que la voyante de Prévorst était dans sa cuisine, elle aperçut le spectre d'une femme tenant un enfant entre ses bras. Bien que familiarisée avec les apparitions de ce genre, elle ne comprit pas d'abord la signification de celle-ci. Mais ce fantôme s'étant montré les jours suivants, à la même place et dans la même posture, la voyante eut l'idée de faire enlever la dalle sur laquelle il se plaçait, et de creuser en cet endroit. A quelques pieds de profondeur, on trouva le cadavre d'un enfant. Mme Hauffe lui fit rendre les derniers devoirs, et le spectre ne reparut plus.

Ici il n'est plus question de songe, mais d'un fantôme se montrant à une personne éveillée. Dans toute autre circonstance, cette apparition devrait être prise au sérieux. Mais il s'agit de la voyante de Prévorst, chez qui les spectres sont en quelque sorte une conséquence de son état physiologique, si bien qu'ils semblent naître sous ses pas. Il ne faut donc voir, d'après nous, dans le double fantôme de la mère et de l'enfant, qu'un phénomène subjectif.

Je terminerai cette étude de la personnalité mesmérienne par quelques considérations sur la lycanthropie. Ce trait le plus obscur peut-être des manifestations de l'être fluide m'a longtemps paru tellement invraisemblable, que j'ai fait comme pour le vampirisme posthume et l'incube. Je passais sans les lire les pages qui traitaient de cette question, et je ne prêtais qu'une oreille distraite à ce qu'on me racontait sur ces singulières métamorphoses. Si je me décide à en parler aujourd'hui, c'est qu'il ne serait pas sage d'opposer une négation systématique à une multitude de faits réputés authentiques qui se contrôlent les uns les autres. Toutefois, comme je n'aborde ce sujet qu'en passant et, si j'ose dire, pour mémoire, je me bornerai aux deux exemples suivants :

Le premier s'est passé, il y a une quinzaine d'années, à Saint-Lizier, dans une maison habitée par deux frères, C'est de l'un d'eux que je tiens le récit. Le voici à peu près textuellement :

« J'habitais à cette époque une de ces petites maisons que l'on voit au sommet de la ville ; j'avais une douzaine d'années, et mon frère, plus âgé que moi, pouvait en avoir dix-sept ou dix-huit. Nous couchions ensemble dans une chambre, à laquelle on montait par un petit escalier de quelques marches. Un soir, nous venions de nous mettre au lit, et nous n'étions pas encore endormis, lorsque nous entendîmes quelqu'un monter les marches qui conduisaient à notre chambre. Bientôt nous voyons arriver devant nous un animal de la grosseur d'un veau. Comme la fenêtre n'avait pas de volets et que la nuit était claire, il nous fut facile de le distinguer. Epouvantés à cette vue, je me cramponnais à mon frère, qui, au premier moment, parut aussi effrayé que moi. Mais, revenu bientôt de sa terreur, il sauta à bas du lit, alla saisir une fourche qui se trouvait dans un coin de la chambre, et, se plaçant en face de l'animal, lui dit d'une voix ferme et résolue : « Si tu viens de la part de Dieu, parle ; si « c'est de la part du démon, tu vas avoir affaire à « moi. » Mon frère, déjà fort et vigoureux, était renommé dans tout Saint-Lizier pour son intrépidité. Devant cette attitude, l'animal fit volte-face, et en se retournant il frappa de sa queue le bord de mon lit. Je l'entendis aussitôt redescendre précipitamment les marches de l'escalier ; mais dès qu'il fut arrivé au bas, il disparut, sans que mon frère, qui était à ses trousses, pût voir par où il était passé. Inutile d'ajouter que la porte de la maison était fermée. De mon côté, dès que je l'avais entendu descendre l'escalier, je pris courage, et comme la fenêtre de la chambre se trouvait au-dessus de la porte qui donnait sur la rue, je l'avais ouverte pour voir sortir l'étrange visiteur. Je n'aperçus rien. Nous pensâmes, mon frère et moi, que nous avions eu affaire à un loup-garou, et nous accusâmes un habitant du quartier, à qui on attribuait d'autres aventures de ce genre. »

Voilà un cas de lycanthropie nettement accusé, et cependant il ne nous apprend pas grand'chose sur la nature du phénomène. On accusait un homme du quartier ; mais comment prouver que c'était sa personnalité mesmérienne qui se trouvait en jeu? Le fait suivant est plus explicite. Il a eu lieu, il y a une trentaine d'années, à Serisols, canton de Sainte-Croix :

« Un meunier, nommé Bigot, avait quelque renom de sorcellerie. Un jour que sa femme se levait de grand matin pour aller laver du linge non loin de l'habitation, il chercha à la dissuader, en lui répétant, à plusieurs reprises : « N'y va pas ; tu auras « peur. — Pourquoi donc aurai-je peur? reprenait « la femme. — Je te dis que tu auras peur. » Elle ne tint aucun compte de ces menaces, et partit. A peine était-elle installée au lavoir qu'elle vit un animal qui allait et venait devant elle. Comme il n'était pas encore jour, elle ne put distinguer nettement ses formes, mais elle crut reconnaître une espèce de chien. Importunée par ces allées et venues, et ne pouvant le faire fuir, elle lui lança son battoir, qui l'atteignit à l'œil. L'animal disparut aussitôt. Au même instant, les enfants de Bigot entendirent ce dernier pousser un cri de douleur dans son lit, et ajouter : « Ah! la coquine! « Elle vient de me crever un œil. » A partir de ce jour, en effet, il devint borgne. Plusieurs personnes m'ont raconté ce fait, et le tenait des fils mêmes de Bigot.

Ici pas de doute possible sur l'auteur de cette scène de lycanthropie. C'est bien la personnalité fluidique du meunier qui s'échappe pendant qu'il est au lit et vagabonde sous une forme animale. La blessure que reçoit le fantôme se répercute aussitôt sur l'œil de Bigot, ainsi que nous l'avons vu pour des faits analogues relatifs à des dédoublements de sorciers. C'est le sort tôt ou tard réservé à celui qui a le triste privilège d'être *Loup-Garou*. Ce personnage est, par nature, un être inoffensif, qui se promène nuitamment sous la forme d'un quadrupède quelconque : loup, veau, chien, etc., et se borne à faire peur aux gens qu'il vient visiter ou qu'il rencontre sur son passage. Mais lorsque ceux-ci prennent la chose au sérieux, et le pourchassent avec une arme, on trouve le lendemain, dans une maison du voisinage, un homme criblé de blessures et refusant de répondre aux questions qu'on lui adresse sur son état.

Je ne chercherai pas à donner l'explication de ces prodiges, qui sont encore pour moi un problème insoluble. La nature fluide et, par conséquent, élastique de la personnalité mesmérienne lui permet de s'adapter aux formes lycanthropiques; mais où placer la cause efficiente de ces métamorphoses? Faut-il invoquer l'atavisme, c'est-à-dire le chapitre le plus délicat et le moins connu de la biologie? Je préfère avouer mon incompétence, et laisser à de plus habiles que moi le soin de donner le mot de l'énigme. Toutefois, j'ajouterai un dernier fait, dont je laisse la responsabilité à Allan-Kardec, à qui je l'emprunte. Il semble se rattacher au sujet qui nous occupe, et pourrait jeter un jour nouveau sur les origines si incertaines et si obscures de la lycanthropie.

« Voici, au sujet de la transfiguration, un fait dont nous pouvons garantir la parfaite authenticité, et qui s'est passé, dans les années 1858 et 1859, aux environs de Saint-Etienne : Une jeune fille, d'une quinzaine d'années, jouissait de la singulière faculté de se transfigurer, c'est-à-dire de prendre, à des moments donnés, toutes les apparences de certaines personnes mortes; l'illusion était si complète, qu'on croyait avoir la personne devant soi, tant étaient semblables les traits du visage, du regard, de la voix et jusqu'au jargon. Ce phénomène s'est renouvelé des centaines de fois sans que la volonté de la jeune fille y fût pour rien. Elle prit plusieurs fois l'apparence de son frère, mort quelques années auparavant; elle en avait non seulement la figure, mais la taille et le volume du corps. Un médecin du pays, maintes fois témoin de ces effets bizarres, et voulant s'assurer s'il n'était pas le jouet d'une illusion, fit l'expérience suivante. Nous tenons les faits de lui-même, du père de la jeune fille et de plusieurs autres témoins oculaires très honorables et très dignes de foi. Il eut l'idée de peser la jeune fille dans son état normal, puis dans celui de la transfiguration, alors qu'elle avait l'apparence de son frère, âgé de vingt et quelques années, et qui était beaucoup plus grand et plus fort. Eh bien! il se trouvait que dans ce dernier état le poids était presque le double. L'expérience était concluante, et il était impossible d'attribuer cette apparence à une simple illusion d'optique.

CHAPITRE XII

Coup d'œil sur la faune des ombres. — Leurs préoccupations. — Leurs réminiscences. — Comment elles prolongent leur existence. — Le vampire posthume.

D'après tout ce que j'ai dit dans les chapitres précédents, soit sur le fantôme vivant, soit sur le fantôme posthume, on est autorisé à conclure que ces deux personnages ont même origine, ou pour parler plus exactement, que le second est la continuation du premier. Leur identité étant ainsi établie, il devient facile de se rendre compte, dans une certaine mesure, de quelques faits relatifs à l'existence d'outre-tombe. L'être fluide n'éprouvant, en se détachant du corps, qu'un changement de milieu, doit conserver quelque chose des habitudes, des tendances, des préjugés qu'il a acquis durant sa vie. C'est ce qui ressort clairement de ces manifestations. Son premier souci, lorsque toutefois il est susceptible de soucis, se rapporte à la sépulture. Il est, paraît-il, très jaloux de recevoir les honneurs funèbres suivant le rit auquel il appartient, et il sait les réclamer. Ne pouvant articuler des sons, il a recours à d'autres procédés acoustiques empruntés aux circonstances locales. Sa méthode favorite est les coups frappés sur les cloisons ou les pluies de projectiles. Pline le jeune raconte une curieuse histoire à ce sujet : Une maison d'Athènes était hantée par un spectre qui, chaque nuit, faisait entendre un bruit de chaînes. Personne n'osait habiter cette demeure, lorsque le philosophe Athénodore résolut d'y passer la nuit et d'attendre l'arrivée du spectre. Ce dernier ne tarda pas à se montrer en secouant ses chaînes, et fit signe au philosophe de le suivre. Athénodore obéit à l'invitation du fantôme, qui le conduisit dans la cour de la maison, et disparut. Des fouilles ayant été pratiquées à cet endroit, firent découvrir des ossements humains mêlés à des chaînes. On donna les honneurs de la sépulture à ces restes, et la tranquillité reparut dans l'habitation. Des récits analogues se rencontrent dans d'autres auteurs.

La préoccupation la plus ordinaire du posthume est, paraît-il, de dire le dernier adieu aux personnes qui lui sont chères. J'ai raconté au premier chapitre plusieurs apparitions de ce genre. Divers exemples démontrent qu'il est également accessible aux idées de vengeance. S'il meurt victime d'un assassinat, il vient remettre à son parent le plus proche le soin de venger l'outrage. Dans son livre sur *les Apparitions*, Morton parle d'un jeune homme qui, ayant été tué à Londres, à la suite d'une rixe, apparut le front ensanglanté à son frère établi à Boston, et lui désigna les noms des personnes qui l'avaient frappé, le priant d'en tirer vengeance.

Si l'homme emporte quelquefois avec lui par-delà le tombeau ses haines et ses colères, il peut aussi conserver le souvenir de ses jalousies ou de ses espérances trompées. On trouve à ce propos, dans les archives de la préfecture de police, le procès-verbal d'une aventure très singulière qui eut lieu à Paris sous le règne de Louis XIV. En voici le résumé :

Un jeune homme, éperdûment amoureux d'une femme, la poursuivit de ses assiduités pendant trois ans, mais sans succès. Désespéré de ne pouvoir se faire écouter, il fut pris d'une maladie de langueur qui finit par l'emporter. Dans la dernière entrevue avec celle qui était la cause de sa fin prématurée, il lui déclara que pour se venger de ses rigueurs il la poursuivrait après sa mort autant de temps qu'il avait essuyé ses refus. Des bruits insolites qui se produisirent dès son décès, dans la maison de cette femme, rappelèrent la menace à laquelle celle-ci n'avait d'abord prêté aucune attention. C'étaient des bruits nocturnes qui variaient au bout d'un certain temps et affectaient parfois des formes singulières. Tantôt on entendait des battements de mains, suivis de rires sarcastiques ; d'autres fois, c'étaient des explosions soudaines rappelant les détonations de pétards ou d'armes à feu. Fatiguée de ce tapage et ne sachant comment s'en débarrasser, la maîtresse du logis alla raconter au lieutenant de police ce qui se passait chez elle, le priant de lui venir en aide. Celui-ci mit à sa disposition ses meilleurs limiers, mais toutes leurs recherches furent inutiles. Ils entendaient et ne voyaient rien. Après des tentatives de toutes sortes pour découvrir l'auteur ou les auteurs de ces mystérieux vacarmes, ils se virent contraints d'avouer leur impuissance et de se retirer. Ainsi que le moribond l'avait annoncé, ce manège dura trois ans.

L'ombre de celui qui fut malheureux dans ses affections ne se contente pas toujours, pour témoigner son ressentiment, de manifestations bruyantes mais inoffensives. Le P. Tyrrœc, auteur d'un remarquable travail sur les apparitions posthumes, parle d'un jeune homme qui poursuivait cruellement après sa mort une jeune fille, parce qu'elle avait refusé sa main. Elle se voyait chaque jour grondée, malmenée et frappée par l'ombre de celui qu'elle avait dédaigné. On ne pouvait attribuer à l'hallucination ce qu'elle racontait à ce sujet, car elle portait sur son corps les meurtrissures des coups qu'elle disait avoir reçus. Le P. Tyrrœc, qui a connu cette jeune fille, a pu s'assurer par lui-même de l'exactitude de ces faits.

Les deux faits suivants, racontés par le docteur

Passavant, et qui portent les caractères d'une authenticité indiscutable, prouvent que le posthume, ainsi que j'ai déjà eu occasion de le faire remarquer, se plaît parfois à revenir aux occupations qui lui étaient familières. Sous le règne de Frédéric II, un prêtre catholique, qui résidait dans le village prussien de Quarrey, ayant perdu sa servante, prit une autre femme. A peine cette dernière fût-elle installée au presbytère, qu'elle se vit en butte à toutes sortes de molestations, et forcée de renoncer à son service. Sa présence était, en effet, complètement inutile, car des mains invisibles allumaient le feu, balayaient les chambres, rangeaient les meubles, faisaient, en un mot, toute la besogne de la maison. Le bruit de ce prodige étant arrivé à la cour, le roi philosophe envoya sur les lieux deux officiers de sa garde pour vérifier des faits si étranges. Au moment où les commissaires vont atteindre le seuil du presbytère, on bat devant eux une marche militaire, mais ils ne voient aucun exécutant. A peine sont-ils entrés dans la chambre, qu'ils sont témoins des prodiges qu'on leur a racontés et qu'ils viennent vérifier. L'un d'eux, s'étant écrié : « Voilà qui fait pis que le diable ! » reçoit aussitôt un soufflet de la main invisible qui mettait en ordre le mobilier. Frédéric II, convaincu par les rapports de ses officiers que le presbytère était hanté, donna ordre qu'il fût rasé, pour être rebâti plus loin.

Tous les habitants de Quarrey furent témoins de ces choses étranges, et personne ne se méprit sur la personnalité de l'être invisible qui attirait leur attention. C'était bien le fantôme de la servante défunte qui continuait à vaquer à ses occupations journalières, et n'entendait pas qu'une étrangère vînt faire sa besogne. Ce fantôme n'avait pas de forme optique, ce qui est assez fréquent chez le posthume. Il n'en est pas de même de l'histoire suivante, non moins significative et non moins étrange :

En 1659 mourut à Crossen, en Silésie, un garçon apothicaire, nommé Christophe Monig. Quelques jours après, on aperçoit un fantôme dans la pharmacie. Tout le monde reconnaît Christophe Monig. Ce fantôme s'asseoit, se lève, va aux étagères, saisit pots, flacons, etc., et les change de place. Il examine et goûte les médicaments, les pèse dans la balance, pile les drogues avec fracas, sert les personnes qui lui présentent des ordonnances, reçoit l'argent et le place dans le comptoir. Cependant personne n'ose lui adresser la parole. Ayant sans doute quelques ressentiments contre son maître, alors très sérieusement malade, il se livre contre lui à une foule de vexations. Un jour, il prend un manteau qui se trouvait dans la pharmacie, ouvre la porte et sort. Il traverse les rues sans regarder personne, entre chez plusieurs de ses connaissances, les contemple un instant sans proférer une parole, et se retire. Rencontrant une servante dans le cimetière, il lui dit : « Rentre chez ton maître, et creuse dans la chambre basse : tu y trouveras un trésor inestimable. » La pauvre fille, épouvantée, perd connaissance et tombe à terre. Il se baisse et la relève, mais en laissant sur elle une marque longtemps visible. Rentrée chez elle, et quoique encore saisie d'épouvante, elle raconte ce qui vient de lui arriver. On creuse à l'endroit désigné, et on découvre dans un vieux pot une belle hématite. On sait que les alchimistes attribuaient à cette pierre des propriétés occultes. Le bruit de ces prodiges étant arrivé aux oreilles de la princesse Elisabeth-Charlotte, celle-ci ordonna qu'on exhumât le corps de Monig. On croyait avoir affaire à un vampire ; mais on ne trouva qu'un cadavre dans un état de putréfaction assez avancé. On conseilla alors à l'apothicaire de se débarrasser de tous les objets qui avaient appartenu à Monig. Le spectre ne reparut plus à partir de ce moment. Ces faits sont consignés dans les annales de l'Académie de Leipzig, qui les discuta publiquement à la suite d'une enquête.

La plupart des manifestations par lesquelles se révèlent les ombres semblent indiquer que l'existence posthume est un fardeau. Les parents du défunt supposent naturellement que son âme est en peine, et s'empressent de recourir aux pratiques, qui, dans les croyances populaires, peuvent abréger ses souffrances ou adoucir son sort.

Est-il besoin de dire que les cérémonies expiatoires varient avec chaque contrée, je veux dire avec les religions qu'on y professe, et que chaque culte a ses formules de conjuration et d'apaisement à l'adresse des ombres en peine? Dans les pays catholiques, on fait dire des messes. Les protestants ont recours aux prières et aux aumônes. Les sectateurs du Coran invoquent Allah et le prophète, après s'être purifiés par le jeûne et les ablutions. Inutile d'ajouter que cette intercession des vivants en faveur des morts paraît souvent d'une efficacité douteuse, lorsqu'elle n'est pas entièrement nulle. Certaines ombres demeurent en repos dès qu'elles voient qu'on s'occupe d'elles. Mais d'autres persistent à continuer leurs doléances, malgré tout ce qu'on fait pour les tirer de peine, ou ne les cessent qu'incomplètement et à la longue, comme si elles cédaient à la fatigue. On trouve dans les récits des théologiens, tant catholiques que protestants, maints récits de maisons hantées qu'on dut abandonner aux spectres, bien qu'on eût épuisé à leur intention tout l'arsenal du rituel posthume : messes, prières, exorcismes, etc.

Si l'ombre a une certaine perception du présent, en est-il de même de son état futur, je veux dire du sort que lui prépare le temps dont l'action destructive désagrège un à un ses atomes constitutifs, pour les faire rentrer dans le milieu universel. En d'autres termes, a-t-elle conscience de son *devenir* ? On ne peut résoudre une telle question que par l'examen des rares réponses que certaines ombres consentent à faire à des parents ou à des amis auxquels elles apparaissent, et que ces derniers interrogent sur leur situation. Ces réponses insignifiantes ou nulles permettent de supposer que le posthume n'a aucune connaissance de l'avenir qui lui est réservé, et que ses notions se réduisent à un vague sentiment du présent et à quelques réminiscences du passé. L'ombre ne parle que de ses préoccupations personnelles, et reste sourde à toute question qui est en dehors du cadre qu'elle s'est tracé. Tous les colloques qu'on a recueillis à ce sujet rappellent celui de Bézuel et de Desfontaine (1697), rapporté par le docteur Brière de Boismont. C'étaient deux camarades de collège, deux amis intimes qui s'étaient promis par serment que le premier qui mourrait apparaîtrait à l'autre pour lui donner de ses nouvelles. L'année d'après, Bézuel aperçut un jour l'ombre de Desfontaine, qui le prit par le bras pour le tirer à l'écart et lui parler. Les personnes qui étaient présentes virent Bézuel dialoguer avec un interlocuteur invisible, car elles entendaient les demandes et les réponses du premier, mais nullement celles du second. Ce fait, qu'on a observé ailleurs, est chose toute naturelle. L'ombre ne pouvant produire des sons articulés se contente d'émissions fluidiques, perceptibles seulement de celui à qui elles s'adressent. J'étais convenu avec vous, dit Desfontaine, que si je mourrais le premier, je viendrais vous le dire. « Je me suis noyé dans la rivière de Caen avant-hier, à cette heure-ci, en compagnie de tels et tels », et il raconta les circonstances qui avaient amené sa mort. C'était son même son de voix, dit Bézuel. Il me pria, quand son frère serait revenu, de lui dire certaines choses pour transmettre à son père et à sa mère. Il me fit encore d'autres recommandations, puis me dit adieu et disparut. J'appris bientôt que tout ce qu'il m'avait annoncé n'était que trop vrai, et je pus vérifier des détails dans lesquels il était entré. Dans notre conversation, il se refusait de répondre à toutes les questions que je lui adressais sur sa situation actuelle ; notamment s'il était au ciel, en enfer ou au purgatoire ; on eût dit qu'il ne m'entendait pas quand je lui faisais de telles demandes, et continuait à me parler de ce qui le préoccupait relativement à son frère, à sa famille ou aux circonstances qui avaient précédé sa mort. Au résumé, on peut dire que l'impression que laissent dans l'esprit les doléances et les rares réponses des ombres qui parviennent à se faire entendre, est presque toujours un sentiment de profonde tristesse. Je ne puis mieux faire, pour en donner une idée, que d'assimiler l'état moral de l'homme d'outre-tombe à celui d'un Européen transplanté tout à coup, sans armes et sans vêtements sur une terre inhospitalière de l'Australie, au sein d'une nature inclémente, et qui n'aurait conservé de sa raison que juste assez pour avoir le sentiment de son impuissance et d'un isolement éternel.

J'ai dit que l'existence de l'ombre est de courte durée. Son tissu se désagrège facilement sous l'action des forces physiques, chimiques et atmosphériques qui l'assaillent sans relâche, et rentre molécules par molécules dans le milieu planétaire. Parfois cependant elle essaie de résister à ces causes de destruction, en continuant la lutte pour l'existence par-delà le tombeau. Nous touchons ici au côté le plus curieux de son histoire, car il s'agit du vampire posthume. La première fois que je rencontrai ce mot, appliqué par Gorrës à des spectres qui quittaient leurs tombes pour venir sucer le sang d'un parent ou d'un ami, à la façon d'une belette qui saigne un lapin, je tournai la feuille ne voulant pas être dupe d'une mystification. Mais ce même mot se retrouvant dans la plupart des auteurs que je consultais depuis, je fus forcé de lire malgré moi ce qu'on racontait à ce sujet, et je ne tardai pas à reconnaître que le vampirisme posthume n'est que trop une réalité. Plusieurs de ces récits ne sauraient être révoqués en doute, car ils se rattachent à des événements qui ont eu des villes entières pour témoins. Je vais en rapporter quelques-uns qui, d'après les sources où ils ont été puisés, me paraissent d'une authenticité indiscutable.

Laissons d'abord parler dom Calmet : « Dans le dernier siècle mourut au village de Kisilova, à trois lieues de Gradisca, en Esclavonie, un vieillard âgé de soixante-deux ans. Trois jours après avoir été enterré, il apparut la nuit à son fils, et lui demanda à manger ; celui-ci en ayant servi, il mangea et disparut. Le lendemain, le fils raconta à ses voisins ce qui était arrivé, et le spectre ne se montra pas ce jour-là ; mais la troisième nuit il se fit voir, et demanda encore à manger. On ne sait si son fils lui en donna ou non ; mais on trouva le lendemain celui-ci mort dans son lit. Le même jour cinq ou six personnes tombèrent subitement malades dans le village, et moururent, l'une après l'autre, peu de jours après. Le bailli du lieu, informé de ce qui était arrivé, envoya une relation au tribunal de Belgrade, qui chargea deux de ses officiers d'aller à ce village avec un bourreau pour examiner l'affaire. L'officier impérial dont on tient cette relation s'y rendit de Gradisca pour être lui-même témoin d'un fait dont il avait souvent entendu parler. On ouvrit tous les tombeaux de ceux qui étaient morts depuis six semaines ; quand on en vint à celui du vieillard, on le trouva les yeux ouverts, d'une couleur vermeille, ayant une respiration naturelle, cependant immobile et mort, d'où l'on conclut qu'il était un signalé vampire. Le bourreau enfonça un pieu dans le cœur. On fit un bûcher, et l'on réduisit en cendres le cadavre. On ne trouva aucune marque de vampirisme, ni dans le corps du fils ni dans les autres. »

Dans l'exemple que je viens de rapporter, le vampire ne se montre, si j'ose dire, qu'à la dérobée. On connaît le but de ces apparitions, qui est de chercher pâture; mais on ignore comment il donne la mort à ceux qu'il a choisis pour victimes. Les faits suivants vont nous le révéler sous sa véritable physionomie :

« Après qu'en 1718 une partie de la Servie et de la Valachie fut échue à l'Autriche, le gouvernement autrichien reçut plusieurs rapports qui lui étaient adressés par les commandants des troupes cantonnées dans le pays. On y disait que c'était une croyance générale parmi le peuple que les personnes mortes, mais vivant encore dans le tombeau, en sortaient en certaines circonstances pour aller sucer le sang des vivants et entretenir ainsi sous terre un reste de santé et de bien-être. Déjà, en 1720, un rapport annonçait qu'à Kisolova, village situé dans la basse Hongrie, un certain Pierre Plogogowitz, dix semaines environ après sa sépulture, avait apparu la nuit à plusieurs habitants et leur avait tellement serré le cou qu'ils étaient morts en vingt-quatre heures; de sorte que dans l'espace de huit jours étaient morts de cette manière neuf personnes, les unes jeunes, les autres âgées. Sa veuve elle-même avait été inquiétée par lui et avait quitté, à cause de cela, le village. Les habitants demandèrent au commandant de Gradisca l'autorisation d'exhumer le cadavre et de le brûler. Le commandant la leur ayant refusée, ils déclarèrent qu'ils quitteraient tous le village, si on ne leur accordaient pas leur demande. Le commandant se rendit donc au village avec le curé de Gradisca. Il fit ouvrir le cercueil de Pierre, et l'on trouva son corps intact, à l'exception du bout du nez, qui était un peu desséché ; mais il n'exhalait aucune mauvaise odeur et ressemblait plutôt à un homme endormi qu'à un mort. Ses cheveux et sa barbe avaient cru, de nouveaux ongles avaient remplacé ceux qui étaient tombés. Sous la peau extérieure, qui paraissait blême et morte, avait poussé une autre peau vive ; les mains et les pieds ressemblaient à ceux d'un homme en parfaite santé. Comme on trouva dans sa bouche du sang tout frais encore, le peuple crut que c'était celui qu'il avait sucé à ceux qui étaient morts tout dernièrement, et on ne put l'empêcher d'enfoncer dans la poitrine du cadavre un pieu pointu. Il sortit alors beaucoup de sang frais et pur de la bouche et du nez. Les paysans jetèrent le corps sur un bûcher et le brûlèrent.

Quelques années après, un soldat des frontières,

qui demeurait à Haidamac, raconta à son régiment qu'étant assis un jour à table avec son hôte il avait vu entrer un inconnu qui était venu s'asseoir avec eux ; que son hôte avait été très effrayé, et qu'il était mort le lendemain ; qu'il avait appris ensuite que cet étranger, mort il y avait déjà dix ans, était le père de son hôte lui-même, qu'il lui avait annoncé et même donné la mort. Le comte Cabrera, capitaine du régiment, fut chargé d'examiner l'affaire et se rendit au lieu et place avec d'autres officiers, l'auditeur et le chirurgien. Il interrogea les personnes de la maison, et comme leur témoignage fut confirmé par celui des autres habitants du lieu, il fit exhumer le cadavre, que l'on trouva parfaitement conservé, avec un regard vif comme celui d'un homme vivant. On lui coupa la tête, et l'on remit ensuite le corps dans le tombeau. Un autre homme, mort depuis trente ans, était venu trois fois, disait-on, en plein jour dans sa maison, et avait tué, en leur suçant le sang, d'abord son propre frère, puis un de ses fils et enfin le domestique. On trouva son corps dans le même état, et on le remit en terre après lui avoir enfoncé un clou dans les tempes. Cabrera en fit brûler un troisième, mort déjà depuis seize ans, et qui, disait-on, avait tué ses deux fils. Il adressa son rapport au commandant du régiment qui l'envoya à la cour. Après quoi l'empereur nomma une commission composée d'officiers, de juges, de jurisconsultes, de médecins et de savants pour étudier de plus près ces phénomènes extraordinaires. » Dom Calmet cite ce fait dans sa dissertation sur les vampires.

Voilà des faits significatifs et hors de conteste ; je pourrais les multiplier car il est d'autres pays, notamment dans le nord de l'Europe, où les histoires de ce genre sont aussi nombreuses et non moins authentiques, mais celles que je viens de citer me paraissent suffisantes pour convaincre le lecteur sur la réalité du vampirisme d'outre-tombe, ainsi que sur les phénomènes qui le caractérisent. Ces faits éclairent en même temps d'un jour nouveau la physionomie du posthume. Il est des cas où l'être fluide, au lieu d'abandonner le corps dont la mort vient de le détacher, persiste à rester avec lui, et à vivre d'une vie nouvelle, dans laquelle les rôles sont intervertis : le cadavre ne pouvant quitter sa dernière demeure, c'est le fantôme qui s'acquitte des fonctions que le premier remplissait autrefois. Dès lors, la lutte pour l'existence se continue par-delà le tombeau avec le même acharnement, la même férocité brutale et égoïste, on pourrait dire le même cynisme que dans la nature vivante ; on voit le spectre venir marauder nuitamment, à la façon d'un malfaiteur, pour le compte de son ancien patron. Il entre dans une habitation, va droit à celui qu'il a choisi pour victime, lui saute à la gorge comme un jaguar ou un chat sauvage, et ne lâche sa proie qu'après en avoir sucé le sang. Ce sont les membres de sa famille qu'il semble rechercher de préférence. A défaut de ceux-ci il s'attaque aux habitants de la localité, et au besoin se contente d'une brebis ou de toute autre bête de l'étable, comme le prouvent de nombreux témoignages, qu'il est inutile de rapporter.

Examinons maintenant ce que devient le sang aspiré par le spectre. Nous trouvons ici la répétition de ce que nous avons observé plusieurs fois dans les chapitres précédents au sujet du fantôme vivant. Sa structure est liée d'une manière si intime à celle du corps dont il est l'image que toute absorption de liquide faite par le premier passe aussitôt dans les organes du second. Il doit en être de même dans les phénomènes du vampirisme posthume, puisque le fantôme d'outre-tombe est la continuation du fantôme vivant. Tout le sang avalé par le spectre passe à l'instant dans les organes du cadavre qu'il vient de quitter, et auprès duquel il retourne dès que son œuvre de braconnage est terminée. L'arrivée incessante de ce liquide vivifiant qui se répand aussitôt dans tout l'appareil circulatoire empêche la putréfaction, conserve aux membres leur souplesse naturelle et aux chairs leur teint frais et vermeil. Sous cette même action on voit se continuer une sorte de vie végétative qui fait pousser les cheveux et les ongles, dessine un nouvel épiderme à mesure que l'ancien se dessèche et, dans certains cas, favorise la formation du tissu adipeux, comme il a été prouvé par l'exhumation de certains vampires. Les personnes qui les avaient connus leur trouvait un embonpoint qu'ils étaient loin d'offrir à l'époque de leur décès. L'instinct populaire devina qu'il n'y avait qu'un moyen de rompre cette étrange association du spectre et du cadavre : c'était de réduire à néant l'un des deux; ne pouvant s'attaquer aux fantômes, on déterrait le corps et on le brûlait. Le remède était infaillible, car dès ce moment le vampire cessait ses horribles déprédations.

FIN

TABLE DES MATIÈRES

Introduction 1-11

Chapitre Premier. — Faits établissant l'existence de la personnalité posthume chez l'homme. — Ses divers modes de manifestations................................. 13-45

Chapitre II. — Faits établissant l'existence d'une seconde personnalité chez l'homme vivant. — Ses divers modes de manifestations. 46-82

Chapitre III. — Faits établissant l'existence de la personnalité chez les animaux, et de l'animalité posthume. — Forme fluidique des végétaux. — Forme fluidique des corps bruts. 83-96

Chapitre IV. — Caractère de l'être posthume Sa constitution physique. — Son aversion pour la lumière. — Son réservoir de forces vives. — Sa balistique............... 97-116

Chapitre V. — Fluide nerveux. — Animaux électriques — Personnes électriques. — Plantes électriques.... 117-138

Chapitre VI. — L'éther mesmérien et la personnalité qu'il engendre. — Le somnambule. — Le somniloque. — Le voyant....................................... 139-173

Chapitre VII. — L'éther mesmérien et la personnalité qu'il engendre (suite) — La table tournante. — La table parlante. — Le médium 174-194

Chapitre VIII. — L'éther mesmérien et la personnalité qu'il engendre (*suite*). — Miracles des extatiques 195-219

Chapitre IX. — L'éther mesmérien et la personnalité qu'il engendre (*suite*) — Prodige de la magie............ 220-240

Chapitre X. — L'éther mesmérien et la personnalité qu'il engendre (*suite*). — L'incube. — L'esprit obsesseur.. 241-271

Chapitre XI. — Causes de la rareté du fantôme vivant. — Causes de la rareté du fantôme d'outre-tombe. — Similitude des phénomènes du spiritisme et des phénomènes d'ordre posthume. — Lycanthropie........................... 272-287

Chapitre XII. — Coup d'œil sur la faune des ombres. — Leurs préoccupations. — Comment elles prolongent leur existence. — Le vampire posthume................... 288-305

FIN DE LA TABLE DES MATIÈRES

Toulouse. — Typ. Passeman et Alquier, Ouvriers réunis.

www.ingramcontent.com/pod-product-compliance
Lightning Source LLC
Chambersburg PA
CBHW071252160426
43196CB00009B/1263